رأيتُ رام الله

الكتاب

رأيت رام الله

تأليف

مريد البرغوثي

الطبعة

الثالثة، 2008

عدد الصفحات: 224

القياس: 14.5× 21.5

الترقيم الدولي:

ISBN: 978-9953-68-341-7

الناشر

المركز الثقافي العربي

الدار البيضاء - المغرب

ص .ب: 4006 (سيدنا)

42 الشارع الملكي (الأحباس)

هاتف: 2303339 - 2307651

فاكس: 2305726 - 2 212+

Email: markaz@wanadoo.net.ma

بيروت - لبنان

ص .ب: 5158 - 113 الحمراء

شارع جاندارك - بناية المقدسي

هاتف: 01750507 - 01352826

فاكس: 01343701 - 961+

www.ccaedition.com

Email: cca@ccaedition.com

مريد البرغوثي

رأيتُ رام الله

المركز الثقافي العربي

مقدمة

بقلم: إدوارد سعيد(*)

هذا النص المحكم، المشحون بغنائية مكثفة، الذي يروي قصة العودة بعد سنوات النفي الطويلة إلى رام الله في الضفة الغربية في سبتمبر 1996 هو واحد من أرفع أشكال كتابة التجربة الوجودية للشتات الفلسطيني التي نمتلكها الآن. إنه كتاب مريد البرغوثي الشاعر الفلسطيني المرموق، والمتزوج كما يخبرنا في مواضع شتى من الكتاب، من رضوى عاشور الروائية والأكاديمية المصرية الممتازة، إذ كانا طالبين يدرسان اللغة الإنجليزية وآدابها في جامعة القاهرة في الستينيات، وخلال زواجهما اضطرا للافتراق طوال سبعة عشر عاماً، هو مستشاراً في مكتب منظمة التحرير الفلسطينية في بودابست وهي مع ابنهما تميم في القاهرة حيث تعمل أستاذة في قسم اللغة الإنجليزية في جامعة عين شمس. والأسباب السياسية لهذا الافتراق يشير إليها كتاب «رأيت

(*) كتب إدوارد سعيد هذه المقدمة للطبعة الإنكليزية من «رأيت رام الله» وقد أصبحت هذه المقدّمة جزءاً من هذا الكتاب في طبعاته المختلفة بعدّة لغات.

رام الله»، كما يشير أيضاً إلى ظروف نفي الشاعر من الضفة الغربية عام 1966 وظروف عودته إليها بعد ثلاثين سنة.

عند صدور رأيت رام الله عام 1997 واستقباله بحفاوة عظيمة وواسعة شملت العالم العربي كله، نال الكتاب جائزة نجيب محفوظ للإبداع الأدبي التي تمنحها الجامعة الأمريكية بالقاهرة. وأجمل ما تشتمل عليه الجائزة حقاً هذه الترجمة الأنيقة المثيرة للإعجاب إلى اللغة الإنجليزية التي قامت بها أهداف سويف، وهي ذاتها روائية وناقدة مصرية هامّة تكتب رواياتها بالإنجليزية (في عين الشمس وخارطة الحب). لهذا فهو حدثٌ أدبيٌّ هامّ أن تجتمع هاتان الموهبتان داخل غلاف واحد، وإنه ليسعدني أن يتاح لي أن أقول بعض الكلمات كمقدمة لهذا العمل. أما وقد قمت بنفسي برحلة مشابهة إلى القدس (بعد غياب 45 سنة) فإنني أعرف تماماً هذا المزيج من المشاعر حيث تختلط السعادة، بالأسف، والحزن والدهشة والسخط والأحاسيس الأخرى التي تصاحب مثل هذه العودة.

إن عظمة وقوة وطزاجة كتاب مريد البرغوثي تكمن في أنه يسجل بشكل دقيق موجع هذا المزيج العاطفي كاملاً، وفي قدرته علي أن يمنح وضوحاً وصفاءً لدوّامة من الأحاسيس والأفكار التي تسيطر على المرء في مثل هذه الحالات. إن فلسطين، على كل حال، ليست مكاناً عادياً، إنها متوغّلة بعمق في كل التواريخ المعروفة وفي تراث الديانات التوحيدية، شهدت غزاةً وحضاراتٍ من كل صنف ولون تأتي وتزول، وتعرَّضَتْ في القرن العشرين

لصراع ممضّ بين سكانها الأصليين العرب الذين اقتُلِعوا وتشتّتَ معظمهم عام 1948 وحركةٍ سياسية وافدة لليهود الصهاينة (ذوي الأصول الأوروبية في الغالب) الذين أقاموا دولة يهودية في فلسطين، وفي عام 1967 احتلوا الضفة الغربية وقطاع غزة وما زالوا عملياً يسيطرون عليها إلى يومنا هذا. إن كل فلسطيني يجد نفسه اليوم أمام موقف شديد الغرابة، فهو يدرك أن فلسطين كانت موجودة ذات يوم لكنه يراها وقد اتخذت اسماً جديداً وشعباً جديداً وهوية جديدة تُنكِر فلسطين جملةً وتفصيلاً. بالتالي فإن العودة إلى الوطن، في ظل هذا الوضع، أمر غير عادي إن لم نقل إنه مفعم بالأسى والوطأة.

إن رواية مريد البرغوثي كانت ممكنة بسبب ما يُطلق عليه بشكل مضلّل عملية السلام (هذه التسمية الخاطئة بشكل مخيف) بين منظمة التحرير الفلسطينية بقيادة ياسر عرفات ودولة إسرائيل. فهذه الترتيبات التي بدأت في سبتمبر 1993 ولا تزال مستمرة بدون حل حتى لحظة كتابة هذه السطور (أوائل أغسطس 2000) والتي تمّت بوساطة أمريكية، لم تؤدِّ إلى سيادة فلسطينية حقيقية على غزة والضفة الغربية ولا إلى سلام ومصالحة بين اليهود والعرب. لكنها سمحت بعودة بعض الفلسطينيين من أهالي المناطق المحتلة عام 1967 إلى منازلهم. وهذه هي الحقيقة السارة التي انبثق منها مشهد الوقوف على الحدود الذي يفتتح به مريد البرغوثي كتابه «رأيت رام الله».

وكما يكتشف البرغوثي بسرعة، تكمن المفارقة في أنه

بالرغم من وجود ضباط فلسطينيين على جسر نهر الأردن الفاصل بين المملكة الهاشمية وفلسطين فإن الجنود والمجندات الإسرائيليين ما زالوا هم الذين يمسكون بزمام الأمور. وكما يلاحظ بقوة: «الآخرون هم أسياد المكان». وإن كان هو من أهالي الضفة وبوسعه أن يقوم بهذه الزيارة فهو يروي ببلاغة كيف أن بقية الفلسطينيين (حوالى 3,5 مليون نسمة) هم لاجئون من مناطق 1948 وبالتالي لا يمكنهم العودة في ظل الوضع الراهن.

إنه لأمر حتمي أن يكون في كتاب البرغوثي قدرٌ من السياسة، لكنه لا يقدّمها لنا في أية لحظة من قبيل التجريد أو الدوافع الأيديولوجية. كل ما هو سياسي في الكتاب ناجم عن الأوضاع المعيشية الحقيقية في حياة الفلسطينيين المحاطة بقيود تتعلق بالإقامة والرحيل. فبالنسبة لمعظم شعوب الأرض الذين هم مواطنون لديهم جوازات سفر وبوسعهم السفر بحرية دون تفكير في هويتهم طوال الوقت، فإن مسألة السفر والإقامة تعدّ أمراً مفروغاً منه. بينما هي أمر مشحون بتوتر عظيم لدى الفلسطينيين الذين لا دولة لهم، والذين، وإن امتلك كثير منهم جوازات سفر كملايين اللاجئين المنتشرين في كافة أرجاء العالم العربي وأوروبا وأستراليا والأمريكتين الشمالية والجنوبية، فإنهم يحملون وزر كونهم مقتَلَعين وبالتالي غرباء.

إن هذا الواقع جعل نص البرغوثي حافلاً بالهموم، من نوع أين يمكنه أو لا يمكنه أن يقيم؟ وكم يمكنه البقاء؟ ومتى عليه أن يغادر؟ والأقسى من ذلك كله ماذا يمكن أن يحدث في غيابه؟

يموت شقيقه «منيف» موتاً قاسياً وغير ضروري في فرنسا لأن أحدا لا يستطيع أو لا يرغب في تقديم المساعدة. وتحوم في أجواء الكتاب طوال الوقت شخصيات ثقافية مرموقة كالروائي غسان كنفاني ورسام الكاريكاتير ناجي العلي اللذين ماتا اغتيالاً، مما يذكّرنا بأن الفلسطيني مهما كان موهوباً أو مرموقاً يظل عرضة للموت المفاجئ والاختفاء الذي لا يمكن تفسيره. من هنا هذه النغمة الموجعة الحزينة في هذا الكتاب لكنها في الوقت نفسه نغمة عفيّة وإيجابية. حقاً إن ما يعطي هذا الكتاب تفرّده وأصالته المفعمة بالصدق والتي لا تخطئها العين هو نسيجه الشعري الذي يؤكد قوة الحياة.

إن كتابة البرغوثي، وبشكل مدهش حقاً، كتابة تخلو من المرارة فهو لا يُلقي خُطَباً تحريضية رنّانة ضد الإسرائيليين لما فعلوه، ولا يحطّ من شأن القيادة الفلسطينية جراء الترتيبات الفاضحة التي وافقت عليها وقبلتها على الأرض. إنه على حق طبعاً عندما يلاحظ أكثر من مرة أن المستوطنات تلطّخ وتشوّه المشهد الطبيعي الفلسطيني ذا الانسياب اللطيف والجبلي في الغالب. لكن هذا هو كل ما يفعله بالإضافة إلى ملاحظته لحقائق يزعج صانعي السلام المفترَضين أن يتعاملوا معها.

إنها ليست قليلة أبداً هذه المفارقة عندما ينقّب البرغوثي عن جذور اشتقاق اسم عائلته (رغم أني لا أمتلك معلومات ثابتة حول هذا الأمر فإنني أعتقد أن عائلة البرغوثي هي أكبر عائلة في فلسطين على الإطلاق، ويصل عدد أفرادها إلى 25 ألف نسمة).

إنه لا يتهرب من حقيقة أن اسمهم يبدو مشتقاً من «البرغوث» وهذه التفصيلة الناجمة عن التواضع تمنح السرد بعداً أكثر إنسانية وشجناً وعذوبة.

إن التميز الأساسي لكتاب «رأيت رام الله» هو في كونه سجلاً للخسارة في ذروة العودة ولمّ الشمل، ومقاومة البرغوثي المستمرة لأسباب خساراته وتفنيدها هي التي تضفي على شعره معناه العميق وماديته الملموسة وعلى روايته كثافتها وتماسكها.

«الاحتلال»، يقول البرغوثي، «خلق أجيالاً عليها أن تحبّ حبيباً مجهولاً، نائياً، عسيراً، محاطاً بالحرّاس وبالأسوار وبالرؤوس النووية وبالرعب الأملس»! لهذا فهو في قصائده كما في نثره يسعى إلى تحطيم الحوائط، إلى تجنّب الحرّاس، من أجل الوصول إلى فلسطين التي تخصّه والتي يجدها في رام الله، رام الله التي كانت يوماً ضاحية خضراء هادئة لمدينة القدس وأصبحت في السنوات الأخيرة مركزاً للحياة المدنية الفلسطينية تتمتع باستقلالية نسبية ومقدار معقول من النشاط الثقافي وعدد من السكان مطّرد النمو. في هذه المدينة التي يعيد اكتشافها وتصويرها بحيوية يلتقي البرغوثي الشاعر المشرد بذاته مجدداً، فقط ليرمي نفسه مرة أخرى في أشكال جديدة من الغربة:

«يكفي أن يواجه المرء تجربة الاقتلاع الأولى حتى يصبح مقتلَعاً من هنا إلى الأبديّة»!

وهكذا، فبالرغم من الفرح ولحظات النشوة التي يحملها

هذا النص، فإنه في جوهره يستحضر المنفى لا العودة. وهذه النغمة الشخصية هي بالضبط ما حافظت عليه الترجمة الممتازة التي تقدمها أهداف سويف لقراء اللغة الإنجليزية.

هذا كتاب يجسّد لنا التجربة الفلسطينية بشكل يؤنسنها ويعطيها، بأسلوبه الجديد، معنىً جديداً.

إدوارد سعيد

نيويورك، آب/ أغسطس 2000

1

الجِسْر

الطقسُ شَديدُ الحرارةِ على الجِسْر. قَطْرَةُ العَرَقِ تَنْحَدِرُ مِن جَبيني إلى إطار نظّارتي، ثم تَنْحَدِرُ على العَدَسَة. غبشٌ شامِلٌ يغلّل ما أراه، وما أتوقعه، وما أتذكّره. مَشْهَدي هُنا تَتَرَجْرَجُ فيهِ مشاهدُ عُمْرٍ، انقضى أكثرُهُ في محاولةِ الوصولِ الى هُنا. ها أنا أقطعُ نهرَ الأردن. أَسْمَعُ طَقْطَقَةَ الخشبِ تحت قَدَمَيّ. على كَتِفي الأيسرَ حقيبةٌ صغيرة. أمشي باتجاهِ الغَرْبِ مشيةً عاديّة. مشيةً تبدو عاديّة. ورائي العالَم، وأمامي عالَمي.

***

آخِرُ ما أتذكّرهُ مِن هذا الجسر أنني عبرتُهُ في طريقي من رام الله الى عمّان قبل ثلاثين سنة، ومنها الى مصر، لاستئناف دراستي في جامعة القاهرة. إنه العام الدراسي الرابع والأخير 1966/ 67 عام تخرّجي المنتظَر.

صباح الإثنين 5 حزيران 1967 ، امتحان اللغة اللاتينية. لم يبقَ إلا هذا الإمتحان، بعده بيومين اثنين، مادة الرواية، وبعده مادة المسرح. ثم أكون وفيتُ بعهدي لمنيف بأن أنجح، وحققتُ رغبة أمي في أن ترى أول ولدٍ جامعيّ من أولادها. مرّت الامتحانات

السابقة في تاريخ الحضارة الأوروبية والشعر الانجليزي والنقد الأدبي واللغويات والترجمة بدون مفاجآت. هانَتْ. بعد ظهور النتيجة سأعود الى عمّان ومنها عبر نفس الجسر، إلى رام الله،

حيث علِمْتُ من رسائل الوالدين أنهما شرَعا في طِلاءِ بيتِنا في عمارة اللفتاوي استعداداً لعودتي بـ «الشهادة».

الطقس شديد الحرارة في قاعة الإمتحان، قطرة العَرَق تنحدرُ من جَبيني الى إطارِ نظّارتي. تتوقف هناك، ثم تنزلقُ على العدسة، ومنها إلى الكلمات اللاتينيّة على ورقة الإمتحان: آلتوس/ آلتا / آلتوم. لكن ما هذه الأصواتُ في الخارج؟ انفجارات؟ هل هي مناورات الجيش المصري؟ أحاديثُ الأيام السابقة كلها أحاديثُ حَرب. هل نشبت؟ أمسح نظارتي بمنديل ورقيّ، أراجع إجاباتي وأغادر مقعدي. أسلّم ورقة الإجابة لمراقب القاعة. قِشْرَةٌ صفراءُ من طِلاء السقْف، تسقط بجواري، وتتفتتُ على الطاولة المغطاة بأوراق الطلاب بيني وبين المراقب. ينظر إلى أعلى ممتعضا، أتركه إلى الخارج.

أهبطُ دَرَجَ كُلِّيةِ الآداب. مدام عيشة، زميلتنا المتوسطة العمر التي التحقت بالجامعة بعد وفاة زوجها، جالسة في سيارتها تحت نخلات الحرم الجامعي، تناديني بلكنة فرنسية وباضطراب:

ـ مُغيدْ! مغيدْ!. الحَغْب قامت. سَأطْنا تلاتة وعِشْغينْ طَيّاغَة!

وقفْتُ مائلَ الجذع ممسكاً بباب سيارتها الأيمن. كان أحمد سعيد سعيداً في مذياع السيارة. والأناشيد عالية. اجتمع حولنا عددٌ من الطلبة. دارت التعليقات الواثقة منها والمتوجِّسة. شدّدتُ قبضةَ يدي اليمنى على زجاجةِ الحِبر البيليكانْ التى لا تفارقني في الإمتحانات. لا أعرف حتى يومنا هذا لماذا رسمتُ بذراعي قوساً واسعاً في الهواء، وقذفتُ المحبرة بكل قوة، مصوّباً على جذع تلك النخلة، لتتناثر مع ارتطامها الكحليّ شظايا الزجاج التي

استقرّت على العشب.

مِن هنا، من إذاعة صوت العرب، قال لي أحمد سعيد إنّ «رام الله» لم تَعُدْ لي وإنني لن أعود إليها. المدينةُ سَقَطَتْ.

توقفَت الإمتحانات لأسابيع. استؤنفت الإمتحانات. نجحتُ وتخرّجت. حصلْتُ على ليسانس من قِسم اللغة الإنجليزية وآدابها. وفشلت في العثور على جدارٍ أعلّقُ عليه شهادتي.

مَن تَصادَف وجودهم خارج الوطن عندما قامت الحرب، يحاولون الحصول على تصريح «لمّ الشمل» بكل الوسائل، عن طريق أقربائهم من الدرجة الأولى في فلسطين أو عن طريق الصليب الأحمر. والبعض غامر بالعودة تَسَلُّلاً كما فعل أخي مجيد.

إسرائيل تسمح لمئاتٍ من كِبار السنّ وتمنع مئات الآلاف من الشبّان من العودة. وصار العالَم يسمّينا «نازحين»!

الغُرْبَةُ كالموت، المرءُ يشعر أنّ الموتَ هو الشئُ الذي يَحْدُثُ للآخرين. منذ ذلك الصيف أصبحْتُ ذلك الغريبَ الذي كنتُ أظنه دائماً سِواي.

الغريبُ هو الشخص الذي يجدّدُ تصريحَ إقامته. هو الذي يملأ النماذج ويشتري الدمغات والطوابع. هو الذي عليه أن يقدّمَ البراهينَ والإثباتات. هو الذي يسألونهُ دائماً: «مِن وين الأخ؟» أو يسألونهُ «وهل الصيف عندكم حارّ؟ لا تعنيه التفاصيل الصغيرة في شؤون القوم أو سياساتهم «الداخلية» لكنه أول من تقع عليه عواقبُها. قد لا يُفرحُهُ ما يُفْرِحُهم لكنه دائما يخاف عندما يخافون. هو دائماً «العنصر المندسّ» في المظاهرة إذا تظاهروا، حتى لو لم يغادر بيتَه في ذلك اليوم. هو الذي تنعطب علاقتُه بالأمكنة. يتعلّق بها وينفر منها في الوقت نفسه. هو الذي لا يستطيع أن يروي روايتَه بشكلٍ مُتّصل ويعيش في اللحظةِ الواحدة أضغاثا من

اللحظات. لكل لحظة عنده خُلودُها المؤقَّت، خُلودُها العابِر. ذاكرتُهُ تستعصي على التنسيق. يعيش أساساً في تلك البقعة الخفيّة الصامتة فيه. يحرص على أن يصون غموضه، ولا يحب من ينتهك هذا الغموض. له تفاصيل حياةٍ ثانية لا تهم المحيطين به، وكلامه يحجبها بدلاً من أن يعلنهْا. يعشق رنينَ الهاتف، لكنه يخشاه ويفزع منه. الغريب هو الذي يقول له اللطفاء من القوم «أنت هنا في وطنك الثاني وبين أهلِكْ». هو الذي يحتقرونه لأنه غريب. أو يتعاطفون معه لأنه غريب. والثانيةُ أقسى من الأولى.

في ظهيرة ذلك الإثنين، الخامس من حزيران 1967 أصابتني الغربة.

❊ ❊ ❊

هل كنت بالنضوج الكافي لإدراك أنّ لي أشباهاً من المواطنين الغرباء في عواصمهم ذاتها؟ ودون أن تتعرض بلدانهم للإحتلال الأجنبيّ؟ هل نَظَرَ أبو حيّان التوحيدي عبر عصورِ المستقبل، فكتب في ماضيه السحيق، غُرْبَتَنا الرّاهنةَ في النصف الثاني من القرن العشرين؟ هذا النصف الأطول مِن نِصْفِهِ الأسبق؟

لا أعرف.

لكنني أعرف أن الغريب لا يعود أبداً الى حالاته الأولى. حتى لو عاد. خَلَصْ. يصاب المرء بالغربة كما يصاب بالرّبو. ولا علاج للإثنين. والشاعر أسوأ حالاً. لأن الشِّعر بحد ذاته غربة.

ما الذي أتى بالربو هنا؟ هل هي نوبةُ السّعال التي فاجأتني أثناء انتظاري في الجانب الأردني لساعات طويلة، قبل أن يَسمحَ لي «الجانب الآخر» كما يسميه رجالُ الشرطة الفلسطينية، بأن تُلامس قدماي هذا الحَدَّ الفاصلَ بين زَمَنَيْن؟

كنت وصلت من عمّان إلى هذا الجانب الأردنيّ من الجسر. أوصلني أخي علاء بسيارته ومعنا زوجته إلهام وأمّي. انطلقنا من

بيتنا في الشميساني في التاسعة والربع صباحاً ووصلنا الى هنا قبل العاشرة. هذه آخر نقطة يمكن أن يُسمح لهم بالوصول اليها. ودّعْتُهم وعادوا الى عمّان.

جلستُ في غرفة انتظار مُقامة عند حافة الجسر تماما. سألت الضابط الأردني عن الخطوة التالية.

- تنتظر هنا حتى تأتينا إشارة «منهم» وبعدين تقطع الجسر.

انتظرت بعض الوقت في الغرفة قبل أن أتبين أن انتظاري سيطول. اتجهت الى الباب. وقفت أتأمل النهر.

لم يفاجئني ضيق مجراه. نهر الأردن كان دائما نهراً نحيلاً جداً. هكذا عرفناه في الطفولة. المفاجأة أنه أصبح بعد هذه السنين الطوال نهراً بلا ماء. تقريباً بلا ماء. الطبيعة اشتركت مع إسرائيل في نهب مياهه. كان لمجراه صوت. هو الآن نهرٌ ساكت. كأنه سيارة واقفة في مِرآب.

الضفة المقابلة تعرض نفسها بوضوح كامل أمام العين. والعين ترى ما ترى. قال لي أصدقاء عبروا النهر بعد غيبة طويلة إنهم بكوا هنا.

لم أبكِ.

لم يصعد ذلك الخَدَرُ الخفيف من صدري إلى عينيّ. لم يكن معي أحد ليقول لي كيف كانت ملامحُ وجهي في ساعات الإنتظار تلك.

أتأمل جسم الجسر. هل سأجتازه بالفعل؟ تنشأ مشكلة طارئة في اللحظة الأخيرة؟ يعيدونني من هنا؟ يخترعون لي خطأً في الإجراءات المطلوبة؟ هل سأمشي بقدميّ على الضفة الأخرى، على هذه التلال المعلنة أمامي؟

لا فارق في التضاريس بين الأرض الأردنية التي أقف عليها الآن والأرض الفلسطينية على الجانب الآخر من الجسر.

هذه إذاً هي «الأرض المحتلّة»!

في أواخر عام 1979 كنت أشارك في أحد مؤتمرات اتحاد الأدباء والكتّاب العرب في دمشق. أخذنا المضيفون لزيارة مدينة القنيطرة. ذهبنا في موكب سيارات الى المدينة ووصلناها بعد وقت قصير. شاهدنا التدمير الفظيع الذي تعرّضتْ له القنيطرة على أيدي الإسرائيليين. وقفنا بجوار الأسلاك الشائكة التي يرتفع وراءها العَلَمُ الإسرائيلي. مددت يدي من فوق السلك، وأمسكت بالأفرع العلوية من إحدى الشجيرات البرّية في الجانب المحتل من الجولان. أخذت أهزّ الشجيرة المضمومة في يدي وقلت للدكتور حسين مروّة، وكان يقف بجواري مباشرة:

ـ هذه هي «الأرض المحتلة» يا «أبو نزار». إنني أستطيع أن أمسكها باليد!

عندما تسمع في الإذاعات وتقرأ في الجرائد والمجلات والكتب والخُطَب كلمة «الأرض المحتلّة» سنةً بعد سنة، ومهرجاناً بعد مهرجان، ومؤتمرَ قمّةٍ بعد مؤتمرِ قمّة، تحسبها وَهماً في آخر الدنيا! تظن أنْ لا سبيل للوصول اليها بأي شكل من الأشكال.

هل ترى كم هي قريبة، ملموسة، موجودة بحق!

إنني أستطيع إمساكها بيدي. كالمنديل.

وفي عيني حسين مروّة تكوّن الجواب كلّه. وكان الجواب صامتاً ومبلولاً.

الآن ها أنا أنظر اليها، إلى الضفة الغربية من نهر الأردن. هذه هي «الأرض المحتلّة» إذاً؟ لم يكن معي أحد لأكرّر له ما قلته منذ سنوات لحسين مروّة من أنها ليست مجرّد عبارة في نشرات الأنباء. إنها، إذ تراها العين، تتمتع بكل وضوح التربة والحصى والتلال والصخور. لها ألوانها ودرجة حرارتها ولها أعشابها البرّية أيضاً.

من يجرؤ على تجريدها الآن وقد تجلّتْ جسداً أمام الحواس؟

هي الآن ليست تلك الحبيبة في شِعر المقاومة، ولا ذلك البند في برامج الأحزاب. ليست جدالاً ولا مجازاً لغوياً. ها هي تمتد أمامي، ملموسةً كعقرب، كعصفور، كبئر، ومرئيّةً كحقلٍ من الطباشير، كآثار الأحذية.

قلت لنفسي ما هي استثنائيّتها لو لم نكن فقدناها؟

هي أرضٌ كالأرض.

نحن لا نرفع لها الأغنيات إلا لكي نتذكّر الإهانةَ المتجسدة في انتزاعها منا. الإهانة تنغّص حياة المُهانين. نشيدنا ليس للقداسة السالفة، بل لجَدارتَنا الراهنة. فاستمرار الإحتلال يشكّل تكذيباً يومياً لهذه الجدارة.

ها هي أمامي. في موضعها ذاته منذ نشأة الخليقة.

قلت لنفسي «الأرض لا ترحل».

لم أصل اليها بعد. انني فقط أراها بشكل مباشر. كنت كمن أبلغوه بالفوز بجائزة كبرى، لكنه لم يستلمها بعد.

ما زلت على الجانب الأردني. الساعات تمر.

أعود لقاعة الإنتظار. من الواضح أنْ لا جديد بالنسبة لي.

أجلس على الكرسي. أُخرِج أوراقي. أتسلى بتقليبها. أملوحات وتوقيعات ومشاهد شعرية أعدّها للنشر باسم «منطق الكائنات». إنه ديواني الشِعريّ التاسع. ألقي نظرة مستعجلة لا معنى لها على الأسطر وأعيد الأوراق للحقيبة. تشتُّتُ ذهني في هذه اللحظات يمنعني من التركيز في أمر واحد، في أي أمر. قلق الإنتظار ينعكس قلقا على النصوص. قبل النشر مباشرة أفقد الحماس وأتشكك في قيمة النص الذي يوشك على الإفلات من سيطرتي.

أحب القصيدة وهي تتخلّق بين أصابعي وتتشكل صورة بعد صورة، حرفا بعد حرف. بعد ذلك يبدأ الخوف ويهرب اليقين. تنتهي عندي تلك اللحظة الراضية التي يسمونها «فتنة الخالق بالمخلوق».

يحدث ذلك وحدث منذ أول قصيدة نشرتها في حياتي. أتذكّرها جيداً. كانت لها دلالة لا أستطيع أن أحدّدها، لكنها ارتبطت بتاريخٍ لا يُنسى.

كنت في السنة الرابعة في الجامعة. عرف الزملاء وبعض الأساتذة أنني اكتب الشعر. السنة الدراسية تقترب من نهايتها ومغادرتي لمصر باتت وشيكة. لديّ قصائد كثيرة كنت أقرأ بعضها لرضوى على درج المكتبة، هي تؤكد لي أنها قصائد جيدة، وأنني بالتأكيد سأصبح شاعراً ذات يوم.

وذات يوم، قدّمت للأستاذ فاروق عبد الوهاب واحدة من تلك القصائد لنشرها في مجلة «المسرح» التي كان يرأس تحريرها رئيس القسم الدكتور رشاد رشدي.

بعد ذلك مباشرة قضيت أياماً من الرعب.

كنت أفكر يوميّا في أن أستعيدها منه لكني خجلت من أن يعدّني متردّداً ضعيف الشخصية. أراه في الكلّية وأكاد أسأله عن رأيه فيها وأعدِلُ عن ذلك في االلحظة الأخيرة. بمجرد أن خرجتْ تلك القصيدة من يدي شعرت أنها رديئة ولا تصلح للنشر. وأجزم الآن أنها كانت رديئة بالفعل.

مرّت الأيام الى أن جاء ذلك اليوم الرهيب، الإثنين 5 حزيران 1967 .

ذهبت الى أحد الأفران لأتزوّد بما يتيسّر من أرغفة الخبز استعداداً لمواجهة احتمال اختفائه في ظروف الحرب (كنا نظنّها حرباً طويلة بالضرورة!) وقفتُ في الطابور الطويل المتلاطم انتظاراً

لدَوْري. كان على الأرض بجوار المكان الذي وقفت فيه، بسطة جرائد ومجلات وكتب، هي امتدادٌ لمكتبةٍ صغيرة ما تزال مفتوحة. رأيت بين عشرات المجلات مجلة «المسرح». دفعت ثمنها للبائع وبسرعة أخذت أقلّبها بحثا عن القصيدة. و. .وجدتها!. . . مريد البرغوثي: قصيدة «إعتذار الى جنديّ بعيد».

أية صدفة هذه!

أول قصيدة لي تظهر في هذا الصباح الغريب!

على غلاف المجلة كان تاريخ الصدور واضحاً: الإثنين 5 يونية 1967 .

سألني صحفيّ ذات يوم عن هذا الأمر. رويت له ما أسلفت ثم أضفت مُداعباً:

- تُرى هل انهزم العرب وضاعت فلسطين لأنني كتبت الشعر؟

ضحكنا، ولم نضحك.

أغادرالغرفة ثانية.

أخرجُ لأتمشّى في المساحة القليلة بينها وبين النهر. أتأمل المشهد. لم يكن لديّ ما أفعله سوى التأمّل.

أرضٌ صحراويةٌ ملاصقةٌ للماء! والشمسُ عَقْرَب.

«قولوا لعين الشمس»، تلك الأغنية الحزينة التي أصبحت مرثية الهائمين في صحراء أخرى لا تبعد كثيراً عن هذا المكان تعنّ على البال. في 19 حزيران 1967 يطرق باب شقتي في الزمالك شخص حرّقت الشمسُ وجهَه ويبدو غريب الهيئة والملابس. عانقته كأنه هبط من غيمة مباشرة الى ذراعَيّ.

- كيف وصلتَ الى هنا يا خالي عطا؟

بعد أن ارتاح قليلا أصبح الحديث فيما جرى ممكناً.

ظل يمشي أربعة عشر يوماً في صحراء سيناء. من 5 حزيران وهو يمشي.

ـ لم نحارب. دمروا أسلحتنا ولاحقونا بالطائرات من أول ساعة... الخ

كان خالي ضابطاً في الجيش الأردني ثم ذهب للعمل مدرّبا في الجيش الكويتي في اوائل الستينات. في حرب ال67 أرسلوه مع الكتيبة الكويتية للإشتراك في الحرب الى جانب مصر. قال إنهم الآن في معسكر قرب دهشور وبإمرة الجيش المصري. وانهم لا يعرفون الخطوة القادمة:

لم أعرف شخصاً عنيداً ومتشدّدا كخالي. معنى الحياة بالنسبة له أن يأمر فيُطاع. شؤون بيته يجب أن تدار على طريقته وحده. احترام زوجته وبناته وأولاده له، يختلط بالخوف منه والخشية من عقابه. عصبيّ سريع الإنفعال، رغم أنه في أعماقه مخلوق عاطفيّ وحنون. عندما رأيته في ذلك اليوم العجيب، اختفت كل جوانب القسوة في شخصيته، لم يبق منه سوى الهشاشة، الإنكسار، الذهول، والرغبة في الصراخ.

لم أر من الجنود العائدين من المعركة غيره، وكان هذا كافيا ليحزن القلب. رؤية شخص واحدٍ تكفي لكي تتشخصن الفكرة كلها. فكرة الهزيمة.

انتصف النهار. توتّري يتصاعد مع كل دقيقةِ انتظارٍ أخرى. هل سيسمحون لي باجتياز الماء؟ لماذا تأخروا الى هذا الحد؟

وعند هذا الحد، سمعتُ من ينادي على اسمي!

ـ خذ شنطتك واقطع المَيّ.

* * *

أخيراً! ها أنا أمشي بحقيبتي الصغيرة على الجسر، الذي لا يزيد طوله عن بضعة أمتارٍ من الخَشَب، وثلاثين عاماً من الغُرْبة.

كيف استطاعت هذه القطعة الخشبية الداكنة أن تُقصي أمّةً

بأكملها عن أحلامها؟ أن تمنع أجيالاً بأكملها من تناول قهوتها في بيوتٍ كانت لها؟

كيف رمتْنا الى كل هذا الصبر وكل ذلك الموت؟ كيف استطاعت أن توزعنا على المنابذ والخيام وأحزاب الوشوشة الخائفة؟

إنني لا أشكرك أيها الجسرالقليل الشأن والأمتار. لستَ بحراً ولستَ محيطاً حتى نلتمسَ في أهوالك أعذاراً. لستَ سلسلة جبالٍ تسكنها ضواري البرّ وغيلانُ الخرافة حتى نستدعي الغرائزَ والوقايةَ دونَك. كنت سأشكرك، أيها الجسرُ، لو كنتَ على كوكبٍ غير هذا، وعلى بقعةٍ لا تصل اليها المرسيدس القديمة في ثلاثين دقيقة. كنت سأشكرك، لو كنتَ مِن صُنع البراكين، ورُعبها البرتقاليّ السميك. لكنك مِن صُنعِ نجّارين تعساء، يضعون المساميرَ في زوايا الشفاه، والسيجارةَ على الأذن. لا أقول لك شكراً أيها الجسر الصغير. هل أخجل منك؟ أم تخجل مني؟ أيها القريب كنجوم الشاعر الساذج. أيها البعيد كخطوة المشلول. أيُّ حَرَجٍ هذا؟ انني لا أسامحك. وأنت لا تسامحني.

صوتُ الأخشاب تحت قدميّ.

فيروز تسميه جسرَ العودة. الأردنيون يسمونه جسر الملك حسين. السلطة الفلسطينية تسمّيه معبر الكرامة. عامّة الناس وسائقو الباصات والتكسي يسمّونه جسر اللّنبي. أمي وقبلها جدتي وأبي وامرأة عمي ام طلال يسمونه ببساطة: الجسر.

الآن أجتازه للمرة الأولى منذ ثلاثين صيفاً، صيف 1966 وبعده مباشرةً ودون إبطاء صيف 1996 .

هنا، على هذه العوارض الخشبية المحرّمة، أخطو وأُثرثِرُ عُمري كله لنفسي. أثرثرُ عُمْري. بلا صوت. وبلا توقّف.

أوقاتٌ من الصّور المتحركة تظهر وتختفي بلا نَسَق مفهوم.

لقطاتٌ لحياةٍ شعثاء. ذاكرةٌ ترتطمُ بِجِهاتِها كالمكّوك. صُوَرٌ تتكوّن وأخرى تُستعاد. تستعصي على المونتاج الذي يمنحها شكلَها النهائيّ. شكلُها هو فوضاها.

طفولةٌ غابرة. وجوهُ أحبابٍ وأعداء. ها أنا الشخص القادم من قارّات الآخرين ولغاتهم وحدودهم، الشخص ذو النظارة الطبية على عينيه والحقيبة الصغيرة على كتفه، وهذه هي عوارض الجسر. هذه هي خطواتي عليها. ها أنا أسير نحو أرضِ القصيدة. زائراً؟ عائداً؟ لاجئاً؟ مواطناً؟ ضيفاً؟ لا أدري!

أهي لحظةٌ سياسية؟ أم عاطفية؟ أم اجتماعية؟ لحظة واقعية؟ سيريالية؟ لحظة جسدية؟ أم ذهنية؟

الخشب يطقطق.

ما مضى من العمر يغلّله الغبش الذي يكشف ولا يكشف. يُبْدي ولا يُبْدي. لماذا أتمنى لو تخلّصْتُ من هذه الحقيبة!

ماءُ النهر تحت الجسر قليل. ماء بلا ماء. كأنّه يعتذر عن وجودِهِ في هذا الحد الفاصل بين تاريخَيْن وعقيدتَيْن ومأساتَيْن.

المشهدُ صخريّ. جيريّ. عسكريّ. صحراويّ. مؤلِمٌ كَوَجَعِ الأسنانْ.

العَلَمُ الأردنيُّ هنا بألوان الثورة العربية. بعد أمتارٍ قليلة، هناك العَلَمُ الإسرائيليّ باللون الأزرق للنيل والفرات وبينهما نجمة داود. هَبَّةُ هواءٍ واحدةٌ تحرّكُهُما. بِيضٌ صنائِعُنا. سودٌ وقائِعُنا. خُضْرٌ مَرابِعُنا. . . الشِّعرُ في البالْ. لكنّ المشهدَ نثريٌّ كفاتورةِ الحِسابْ.

عوارض الخشب تطقطق تحت قدميّ.

هواء حزيران اليوم، يغلي ويفور كهواء حزيران الأمس. «يا جسراً خشبياً». فجأة تحضر فيروز. على غير المألوف في كثير من أغنياتها، كلام الأغنية أكثر مباشرة مما يفضّل المرء. كيف استقرت في وجدان المثقفين والحرّاثين والطلاب والجنود والصبايا والعمّات

والخالات والثوار؟

هل هو احتياج الناس لإسماعِ صوتهم عبر سماعهم له من أفواه الآخرين؟ هل هو تعلقهم بصوتٍ من خارجهم يقول ما في داخلهم؟ الصامتون يعيّنون المتكلّمين نُوّاباً عنهم في برلمان خياليّ مُحرَّم عليهم. الناس يتعلقون بالشِّعر المباشر في أزمنة البطش فقط، أزمنةِ الخَرَسِ الجماعيّ. أزمنة الحرمان من الفعل والقول. الشعر الذي يهمس ويومئ ويوحي، لا يستطيع أن يتذوّقَهُ إلا مُواطِنٌ حُرّ. مواطنٌ بوسعِه أن يجهر بما يشاء ولا يُحَمّل المهمة لسواه. قلت لنفسي إن مُنظّري النقد الأدبيّ عندنا ينسخون النظريات الغربية بأعين نصف مغمضة ويرتدون قبّعات الكاوبوي فوق قمباز العروبة، (إستعارة القبعة هذه ممجوجة ومكرّرة، كيف تَرِدُ على خاطري الآن؟) هذا أول جندي اسرائيلي يطل بقبّعة المتديّنين. هذه قبّعةٌ واقعيةٌ وليست استعارةً بلاغية. بندقيته تبدو لي أَطْوَلَ مِن قامتِه.

ها هو يتكئ على باب غرفته المنعزلة، المقامة على الجانب الغربيّ من النهر، حيث تبدأ سُلطة دولة إسرائيل.

لم أستطع التأكّدَ من مشاعرِه. وجهه لا ينبئ بما يفكّر فيه. نظرت إليه كالناظر الى باب مغلق.

قدماي الآن على الضفة الغربية للنهر. أصبح الجسر ورائي. أقف، للحظةٍ، على التراب. على «اليابسة»(!)

لستُ مِن بحّارة كولومبوس الذين صاح أحدهم وهم على شفا الهلاك: «أرض! أرض! إنها الأرض!». لستُ أرخميدس الذي صاح مذهولاً: «وجدتها! وجدتُها!» لستُ جندياً منتصراً يقبّل التراب.

لمْ أقبّل التراب.

لم أكن حزيناً. وأيضاً لم أبكِ.

لكنّ صورته تظهر وتختفي في هذا الخلاء الشاحب. صورة ابتسامته القادمة من هناك، من قبره الذي وسّدْتُه فيه بيديّ وعانقتُهُ العناق الأخير في عتمته، قبل أن ينتزعني المشيّعون وأتركه وحيداً تحت شاهدةٍ كتبنا عليها:

* منيف عبد الرازق البرغوثي 1941 ـ 1993 *

* * *

سِرْتُ خطوات.

نظرت إلى وجه الجنديّ:

للحظةٍ، بدا لي أنه يقفُ وقفةَ موظفٍ ضجرٍ ومَلول. لا. إنه متوترٌ متحفّز. (أم هذه حالتي أنا أُسقِطُها عليه؟) لا. إنها وقفة روتينية يقفها يومياً وهو يرى آلافاً من الفلسطينيين أمثالي يمرون بحقائب زياراتهم الصيفية أو يغادرون الى عمّان لقضاء شؤون حياتهم. لكنّ وضعي يختلف عن أوضاعهم.

قلتُ لنفسي: لماذا يظن كل شخص في هذا العالم أن وضعه بالذات هو وضعٌ «مختلف»!؟ هل يريد ابن آدم أن يتميز عن سواه من بني آدم حتى في الخسران؟

هل هي أنانية الأنا التى لا نستطيع التخلص منها؟ هل يبرر ذلك أنني أمرّ من هنا للمرة الأولى منذ ثلاثين سنة؟ المرور على هذا الجسر ظَلَّ مُتاحاً دائماً للمقيمين تحت الإحتلال، وللمغتربين الذين يحملون تصاريح الزيارة أو لمّ الشمل. طوال السنوات الثلاثين، فشلتُ في الحصول على أيٍّ من التصريحَيْن.

من أين له أن يعرف ذلك؟ ولماذا أريده أن يعرف؟

المرّة السابقة مباشرةً، كانت نظّارتي الطبية أقَلّ سُمْكاً؛ وشَعرُ رأسي كان أسودَ تماماً. ذكرياتي كانت أكثر خفّة؛ وذاكرتي أكثر ثقلاً.

المرّة السابقة مباشرةً كنتُ وَلَداً. هذه المرة أنا والِد. والدٌ لوَلَدٍ هو الآن في مثل عمري عندما مررتُ من هنا لآخر مَرّة!

المرة السابقة مررتُ من هنا مغادِراً وطني لأتعلّم في الجامعة البعيدة. الآن تركت ابني ورائي في نفس الجامعة ليتعلّم.

المرّة السابقة لم يكن أحدٌ يجادلني في حقي في رام الله، الآن أتساءل عن دوري في حفظ حقه في رؤيتها. وهل سأُخرجه من سجلاّت اللاجئين والنازحين وهو لم يلجأ ولم ينزَح وكل ما فعله أنه وُلِدَ في الغربة؟

الآن أمرّ من غربتي إلى. . وطنهم؟ وطني؟ الضفة وغزة؟ الأراضي المحتلة؟ المناطق؟ يهودا والسامرة؟ الحكم الذاتي؟ اسرائيل؟ فلسطين؟

هل في هذا العالم كله بلدٌ واحدٌ يحار الناس في تسميته هكذا؟

في المرة السابقة كنت واضحاً والأمور كانت واضحة. الآن أنا غامضٌ ملتبسٌ والأمور كلها غامضةٌ ملتبسة.

هذا الجنديّ ذو القبّعة ليس غامضاً على الإطلاق. على الأقلّ بندقيتُه شديدةُ اللّمَعانْ. بندقيته هي تاريخي الشخصيّ. هي تاريخ غربتي. بندقيته هي التي أخذت منا أرضَ القصيدة وتركتْ لنا قصيدة الأرض. في قبضته تراب. وفي قبضتنا سراب.

لكنه ملتبسٌ من ناحية أخرى،

هل جاء أبواه من ساخْسِنْ هاوْزِنْ أم من داخاو؟ أم أنه مستوطن جاء حديثاً من بروكلين؟ وسط أوروبا شمال إفريقيا؟ أمريكا اللاتينية؟ هل هو مُنْشَقٌ روسيٌّ مهاجر؟ هل ولد هنا ووجد نفسه هنا دون أن يتأمل لماذا هو هنا؟

هل قَتَلَ منّا أحداً في حروب دولته أو في انتفاضاتنا المتصلة ضد دولته؟

هل هو مستعدّ للقتل بتلذّذ؟ أم أنه يقوم بواجب العسكري الذي لا مفرّ منه؟

هل هناك من امتحنَ إنسانيتَه الفردية؟ إنسانيتَه هو بالذات؟ أعلمُ كل شئ عن لا إنسانيةِ وظيفتِه. إنه جنديّ احتلال. وهو في كل الأحوال في وضع مختلفٍ عن وضعي، خصوصاً في هذه اللحظة. هل هو مؤهّلٌ للإنتباه إلى إنسانيتي؟ إنسانية الفلسطينيين الذين يمرّون تحت ظلّ بندقيته اللامعة كل يوم؟

نحن هنا في بقعة الأرض نفسها، في المكان نفسه، ولكن، لا حقيبةَ في يده؛ ويقف بين عَلَمَيْنِ إسرائيليّيْن يحرّكهما الهَواءُ والشرعيةُ الدوليةُ.

- إنتظِرْ هنا حتى تحضر السيارة.

قالها باللغة العربية.

- أين تأخذني السيارة؟

- الى مركز الحدود. الإجراءات كلها هناك.

انتظرتُ.

في غرفته الضيّقة، التي توقعتها أكثر نظافة وترتيباً، ملصقاتٌ سياحيةٌ عن معالم (إسرائيل!) توقفتْ عيناي طويلاً عند ملصق عن المسادة. تقول أسطورتهم إنهم صمدوا في قلعة «مسادة» حتى أبيدوا جميعاً لكنهم لم يستسلموا. هل هذه هي رسالتهم لنا يعلّقونها على البوّابة حتى يذكّرونا بأنهم باقون هنا الى الأبد؟ هل تعمّدوا هذا الإختيار بإيحاءاته أم أنه مجرد ملصقٍ سياحيّ؟

أتأمل الغرفة:

كرسيان قديمان. طاولةٌ مستطيلة. مِرآة زاويتها اليسرى مكسورة. جرائد باللغةِ العِبريّة. مطبخٌ صغير، وموقد كهربائي مختصر لإعداد الشاي والقهوة. غرفةُ حراسةٍ عادية. الحارِسُ فيها يحرسُ وَطَنَنا. . . مِنّا!

ظَنَنْتُهُ سيحققُ معي. لم يتبادلْ معي أيّ حديث.

حتى لو حدّثني، أو سألني، هل كنت سأسمعه؟ أم كنت سأعير له «أذنا غيرَ صاغيةٍ» وكيف أسمعُه وأصواتُهم تحيط بصمتي منذ جلستُ على هذا الكرسيّ؟ أولئك الذين رأيتُهم يَدخلون من الباب تباعاً، ليقفوا حولي في هذه الغرفة التي هي جسرٌ بين عالَمين، العالم الذي كانت لهم فيه وقفاتٌ ومباهجُ ومواجع، والعالمِ الذي سأَراه عمّا قليل.

هل كنت سأصغي له وأصواتُ سكوتهم الأبديّ تنشر رِعشَتَها هنا؟ بالضبطِ هنا؟ في المكان الذي ماتوا بعيداً عنه أو استشهدوا دونه؟

الموتى لا يطرقون الباب.

تَدْخُلُ جدّتي، الشاعرة التي أفقدتها الأيام بصرها، والتي ارتَجَلَتْ أشعارَها غناءً أو نحيباً في أعراس البَلَد وفي جنازاتها. أسمع تمتمات دعائها في صلاة الفجر، دعاء لم يرد في شعر الناس ولا في نثرهم. هو صياغتها الخاصة بها وحدها. كنت أرفع طرف اللحاف وأصغي لموسيقى كلامها فأترك سريري وأندسّ بجوارها عندما تعود للنوم. أطلب منها أن تعيد دعاءها السحريّ. آخذ موسيقاه معي إلى النوم الساخن، وتلازمني الموسيقى في الصف. ترنّ على صفحات الدفاتر المدرسية وتجعل من بَلادة «جدول الضرب» أول عدوّ عرفتُه في الطفولة.

يأتي أبي، من شاهدةٍ خلّفتُها ورائي في «بيادر وادي السير». يأتي بحنانه الصامت، بعينيه الضيقتين، وهدوئه الموجوع من الدنيا والراضي بها في الوقت نفسه.

يدخل منيف الذي بَدَّدَهُ الموت، كسروا جَمالَ قلبه وجَمال نواياه، ضربوا إلى الأبد أحلامه في رؤية رام الله ولو لأيام.

يدخل غسّان كنفاني بصوته الذي كان لا بدّ لدويّ يهز الحازميّةَ

كلُّها أن يواريه. هل كنت سأصغي لهذا الحارس النيّئ العُمر، وغسّان يغرس حقنةَ الأنسولين في ذراعه، ويدبّر ابتسامة ترحيبٍ أخرى برضوى وبي في مكتبه؟ وحدها الملصقات التى تغطّي الجدار خلف كتفيه كانت تبرق وترعد، وتؤدِّبُ السكونَ بالضجّة.

ملصقات ذلك الزمان الذي لم يعد يشبه هذا الزمان: النجمة على قبعة جيفارا، «من أجلها». الأسئلة على جبين لينين، «مِن أجْلها». تطريزٌ بقلمه وريشته «لاسمها» السليب. حصانٌ بلا إطارٍ لكنه في إطار. صُوَرٌ لقادة التحرّر في آسيا وإفريقيا وأمريكا اللاتينية، شعاراتٌ وصورٌ وكتابات، ظننّاها ستقوده إليها.

أتساءلُ، هل ازداد غسان الآن قرباً إلى عكّا أم ازداد ابتعاداً؟

أقارن بين الملصقات في غرفة هذا الجندي المراهق، وتلك الملصقات في مكتب غسّان في بيروت. عالَمان متناقضان: في عالم غسان متّسَعٌ لأشعار نيرودا، ومقتطفات أميلكار كابرال، وبيريه لينين وبصيرة فرانز فانون والألوان الشخصية التي يحاول بها الروائيّ أن يرسم الحلم، بالكحليّ والمشمشيّ والبرتقالي وبما يقترحه قوس قزح واسع على سماء ضيّقة كابية تنذر بالخسران والويل. أمّا هنا؟! أنظُرُ إلى الجدران وإلى الصور. إنها مناظر من بلادي. لكن سياقها ومعنى وجودها في هذا المكان على بوّابة الحدود المحرَّمة كان عدوانياً. أتذكر الصورة الكبيرة الحجم التي أهداها لي ناجي العلي.

دعاني ورضوى الى العشاء في مطعم ميامي على شاطئ البحر في بيروت. في نهاية السهرة اتجه الى سيارته وأخرجها:

- هاي اللي نزلتْ مع قصيدتك في «السفير». رسمتها مرّة ثانية بحجم كبير. الك ولرضوى ولتميم.

ثم انطلق بسيارته الى بيته في صيدا. وعدنا رضوى وأنا إلى فندق البوريفاج.

وجْهُ تلك الطفلة يملأ مركز اللوحة، بينما تمتد جديلتاها في خطّين مستقيمين إلى اليمين واليسار. وحوّل ناجي الجديلتين الى أسلاك شائكة، تلامس طَرَفَيّ اللوحة، ذات الخلفية السوداء، جداً.

يدخل ناجي العلي قادماً من موته القديم، من موته الطازج.

هذه ضحكة عينيه وهذا قوامه النحيل. أُصغي الى صرختي التي، فجأة، انفلتتْ من صدري وأنا أقف أمام قبرهِ في ضاحيةٍ من ضواحي لِندن. همستُ وأنا أنظر إلى قوس التراب بكلمة واحدة هي:

ـ لا!

قلتها تمتمةً.

قلتها إلى الداخل. لنفسي. لم يكد يسمعها أحد، حتى أسامة، ذو السنوات التسع الذي كنت أقف خلفه وأحيط كتفيه بذراعيّ، ونحدّق معاً في قبر أبيه. لكنني لم أستطع أن أسترد السكوت بعد ذلك.

تلك الـ (لا) رفضتْ أن تنتهي.

كبرَتْ.

ارتفعَتْ.

إنني أصرخ صرخةً متّصلة. ممتدّة.

أعجز عن استردادها من الهواء، كأنها عَلِقَتْ هناك، في ذلك الرذاذ الذي كان يبلّلنا معاً، أنا وأسامة وجودي ولَيالْ وخالد ووداد. كأنها تنوي أن تظل معَلَّقةً بالسماء الى يوم القيامة. تلك السماء البعيدة، تلك السماء التي لم تكن بيضاء ولم تكن زرقاء ولم تكن تخصّنا ولم تكن تعرفنا ولم... تكن...!

سمعت شقيق وداد يقول لي محاولاً تهدئتي وهو يحتضن كتفيّ:

ـ من شان ألله يا مريد. إهدأ يا خوي. إهدا. من شان نقدر نظل واقفين على رجلينا.

وجدتني أسترد نفسي من الصرخة التي تحوّلت الى ما يشبه الإغماءة. أغلقت فمي بيدي وبعد قليل وجدتني أقول له بصوت متهدج وضعيف:

ـ هوّ اللي واقف. مش إحنا!

عدنا من قبره الى بيته في ويمبلدون.

أصرّت عائلته على أن تقدّم لي غرفته لأقيم فيها! كنت أنام بين لوحاته المتروكة ومسوداته الناقصة. أرى في كل لحظة كرسيّه ومكتبه المرفوعين على منصة خشبية مستطيلة هيّأها بنفسه ليرفع حافة المكتب بحيث تلامس حافة النافذة المطلة على السماء والعشب. النافذة بلا ستائر. الزجاج في مواجهة العالم مباشرة. قالت وداد إنها وضعتْ لها ستارة في البداية لكن ناجي انتزعها لأنه «بيحبّ الفضا» وبيحس ان «البرداية خنقة». قفزت عتمة قبره إلى أذنيّ وأنا أسمعها تصف شغفه بالفضاء.

في غرفته تلك، قضيت مع العائلة أسبوعاً. على مكتبه الصغير، على أوراقه البيضاء، وبأحد أقلامه كتبت شيئاً عنه، عن حياته ورسومه وموته. قصيدة أسميتها «أكَلَهُ الذئب» وهو اسم واحدة من لوحاته الشهيرة جداً. ألقيتها بعد ذلك في حفل افتتاح معرضٍ لرسوماته، نظّمه أصدقاؤه في إحدى قاعات لندن، بإشرافٍ مباشر من الفنان العراقي ضياء العزاوي.

وعلى باب القاعة فوجئت بالمشهد الذي لا يُنسى:

اصطفّ ثلاثة شبّان لاستقبال الجمهور القادم للمشاركة في حفل التأبين ومشاهدة المعرض:

«خالد» ابن الشهيد ناجي العلي،

و«فايز». ابن الشهيد غسان كنفاني.

و«هاني». ابن الشهيد وديع حدّاد.

شباب زي الورد! كان حلقي جافا وأنا أعانقهم على مدخل القاعة. أية جنازات أنجبت هذه الأكتاف العالية والعيون الشديدة الإنتباه؟ أيّة أنقاضٍ خرجت منها طفولتهم إلى رجولتها بلا إذنٍ من القَتَلَة؟

قدّم لي خالد رفيقيه. سألتهما عن أحوالهما.

أردتُ أن أسمع الصوت أيضاً والنبرة واللهجة.

بدا لي مشهدهم في تلك الليلة وكأنه مشهدٌ في خيالِ روائيّ لا في الحياة اليومية المعتادة. قلت لنفسي وأنا أتوقف أمام اجتماعهم صفّاً مستعدّاً لاستقبال الناس عند الباب: في تقاليدنا المتوارثة، كان الذين يقفون هذه الوقفة لاستقبال المعزّين أو المهنئين هم وجهاء العائلات ووجهاء الفصائل (للفصائل وجهاؤها أيضاً). هؤلاء الشباب يقدّمون اليوم معناهم الجديد، الرائع والطازج، «للوجاهة». تلك المفردة التي، قَبْلَهم، لم أكن أطيقها.

عدت بعدها إلى بودابست وأنا أرتجف من «شكل أيامنا القادمة»، تاركاً تحت التراب البريطانيّ البعيد واحداً من أشجع الفنانين الذين أنجبتهم فلسطين في تاريخها كله.

* * *

طافت وجوههم حولي، كأنها أيقونات «أندريه روبلييف» تومض في عتمة المعابد النائية في القرن الثالث عشر. ولم تكن غرفة الحارس المُسَلّح معتمة، ولا كان العراء خارج غرفته معتماً. لم أرَ ظهيرةً قائظةً كهذه! أم هي بداياتُ حُمّى تصيبني خِلسةً وتسللاً؟ جاء أبو سلمى وجاء مُعين وجاء كمال، وجاء شِعر قلوبهم التي كانت أكبر من أوراقِهم. جاء منيف وناجي ثانيةً وثالثةً وعاد التوجس يملأ الغرفة. الوجوه والخيالات والأصوات تبين ولا

تبين. أَنظرُ الى النظرة. أنادي على الصوت. معكم تماماً. وحدي تماماً. لتغفِرْ لي عتمتُكُمْ هذا النهارَ الخصوصيّ أيها الأصدقاء!

* * *

أكلّ هذا التشوّش لي؟ أكلّ هذا الحضور والغياب للغائب؟ أكلّ هذا الضجر المحاط بأملاح البحر الميّت؟

أنا متعوّد على الانتظار. لم أدخل بسهولة إلى أي بلد عربي. وفي هذه الظهيرة لن أدخل بسهولة أيضاً.

جاءت السيارة.

اتجهتُ نحوها ببطء.

سائقٌ طويل القامة، أبيض الوجه، يرتدي قميصاً مفتوح العُرى، بدا لي أنه قال شيئاً ما باللغة العربية. لم يتحدّث كثيراً. وإلا لتأكدتُ إن كان عربياً أو يهودياً. ابتدأت الأمور تختلط. كنا نقرأ عن العمال العرب في إسرائيل. هل هو «عامل عربي في إسرائيل؟» هل هو يهودي يعرف العربية؟ ملامح الوجه وحدها لاتكفي للتمييز بيننا وبينهم.

لم تدم تساؤلاتي طويلاً. وصلنا الى مركز الحدود.

أخذ أجرته بالدينار الأردني.

دخلت الى صالة واسعة، تُذَكِّر بصالات المطارات. هنا رأيت الشرطةَ الفلسطينيةَ والشرطةَ الإسرائيلية.

صفٌّ من الشبابيك الخاصة بمعاملات الذاهبين إلى الضفة، وإلى غزة.

خَلْقٌ كثير.

دخلْتُ الى الصالة التي تفضي الى بابٍ إليكترونيّ ضيّق. أفراد الشرطة الإسرائيلية طلبوا مني أن أضع كل ما هو معدني، كالساعة والمفاتيح وبعض القطع النقدية، في طبق من البلاستيك.

عبرت البوابة، وجَدْتُني مباشرةً أمام ضابطٍ اسرائيليٍ مُسلّح. استوقفني، طلب أوراقي. أخذ يقلّبها ثم أعادها لي.

في محاولة مني لمعالجة توتري، قررت أن أكون البادئ بالسؤال:

ـ أين أذهب الآن؟

ـ إلى الضابط الفلسطيني طبعاً.

وأشار الى غرفة قريبة.

الضابط الفلسطيني يأخذ أوراقي يقلّبها بين يديه ثم يعطيها لنفس الضابط الإسرائيلي الذى يتعمّد الإبتسام. ويطلب مني الإنتظار.

سألته أين؟

ـ عند الضابط الفلسطيني طبعاً.

جلستُ في غرفة الإرتباط. الضابط الفلسطيني يظهر قليلا ويختفي قليلاً وفي الحالين لم ينشغل بوجودي.

كنت شارد الذهن. الضابط جلس وراء طاولته صامتاً تماماً.

كنا اثنين في الغرفة. وكان كلٌّ منّا وحيداً.

في هذه الغرفة وجدتني أنسحب الى هناك، إلى تلك البقعة المتوارية في كل شخص، بقعة الصمت والانطواء. فراغ غامق اللون يخصّ المرء ولا يعني أحداً غيره، ألوذ به عندما يصبح الخارج عبثياً أوغير مفهوم. كأنّ هناك ستارةً سرّيةً تحت تصرّفي، أشدّها عند الحاجة، فأحجب العالم الخارجيّ عن عالمي، أشدّها بسرعة وبشكل تلقائي عندما تستعصي ملاحظاتي وأفكاري على الإنكشاف بكامل وضوحها، عندما يكون حَجْبُها هو الطريقة الوحيدة لصيانتها.

لم أنشغل بشئ هنا ولم أنشغل بأحد.

دخلت تلك المساحة الفارغة التي لا يكون الكلام مع الآخرين جزءاً منها. لم أشغل نفسي طويلاً بالوضع المحيّر للرجل. من الواضح أن الإتفاقيات وضعته في موقف لا يستطيع معه أن يقرر شيئاً هنا. كل الإجراءات الأمنية والجمركية والإدارية من اختصاصهم هم، من اختصاص «الجانب الآخر».

بعد ساعة تقريباً، ظهر منهم ضابطٌ غير الضابط الأول.

اصطحبني إلى غرفةٍ فيها رجُلٌ بملابس مدنية، أمامَهُ نموذجٌ مطبوع وأسئلته ذات طابع إحصائي. لم يسأل أي سؤال سياسيّ. إنه يفتح لي ملفاً.

ـ إذهب الآن للتعرف على حقيبتك.

انتظار آخر لوصول الحقيبة على الحزام المتحرك.

قاعة مزدحمة بعابري الجسر الذين ينتظرون حقائبهم مثلي، وعلى يمين القاعة غرفة خاصة بتفتيش ما يقررون تفتيشه منها. صناديق كرتونية، أجهزة منزلية، تلفزيونات وثلاجات، مراوح، أغطية صوفية، لفائف وحَشيّات وحقائب من كل الأشكال والأحجام. عندما أسافر الى أي مكان أحمل معي أخف وأصغر حقيبة ممكنة. لا أحب ما تفعله الحقائب بالمسافر. وأكره اضطراري لفتحها وعرض محتوياتها على موظّف يبحث عمّا لا أعرف!

إسرائيليون وإسرائيليات يرتدون قفازات النايلون ويتفحّصون محتويات ما تكتظ به الغرفة؛ أصحاب الحاجيّات ينتظرون الإفراج عنها.

مجنّدة إسرائيلية شقراء تضاهي بكسلٍ روتينيّ أرقامَ الحقائب على الكمبيوتر بالرقم الملصق على جواز السفر. قدّمتُ لها جواز سفري، لافتاً نظرها الى أن ما لديّ هو حقيبة يدٍ واحدة فقط، واني أراها بالفعل بين الحقائب الجاهزة في وسط القاعة. رغم ذلك

طلبتْ مني الإنتظار.

بعد وقت قصير أشارت لي بالدخول إلى قاعة الحقائب.

ألتقطُ حقيبتي الصغيرة. أعبر البوابة الضخمة.

أغادرُ المبنى كله إلى الشارع. . .

بوّابةَ الأبوابِ
لا مفتاحَ في يَدِنا. ولكنّا دَخَلْنا
لاجئينَ إلى وِلادتِنا من المَوْتِ الغَريبِ
ولاجئينَ إلى مَنازِلنا التي كانتْ منازِلَنا وجِئْنا
في مَباهِجِنا خُدوشٌ
لا يراها الدمعُ إلا وهو يوشِكُ أن يهيلا.

مشيت خطوتين ثم توقّفت.

ها أنا أقف بقدميّ على التراب. منيف لم يصل الى هذه النقطة. برودة تسري في عمودي الفقريّ. الشعور بالراحة ليس كاملاً. الشعور بالأسى ليس كاملاً.

فُتِحَت لنا بوابة المنفى من الجهة العجيبة! من الجهة التي تفضي الى «البلد» وليس إلى «البلاد». . . بلاد الآخرين.

أقف بقدميّ على تراب الأرض. على «أرض» الأرض.

بلادي تحملني.

فلسطين في هذه اللحظة ليست الخريطة الذهبية المعلّقة بسلسال ذهبي يزيّن أعناق النساء في المنافي. كنت أتساءل كلما رأيت الخريطة تحيط بأعناقهن عمّا إذا كانت المواطنة الكندية أو النرويجية أو الصينية تعلّق خريطة بلدها على نحرها كما تفعل نساؤنا!

قلت مرّةً لصديق:

ـ عندما تختفي فلسطين كسلسال على ثوب السهرة، كحلْيَةٍ، أو كذكرى أو كمصحف ذهبي، أي عندما نمشي بأحذيتنا على ترابها، ونمسح غبارها عن ياقات قمصاننا وعن خُطانا المستعجلة الى قضاء شؤوننا اليومية العابرة، العادية، المضجرة، عندما نتذمّر من حرّها ومن بَرْدَها ومن رتابةَ البقاء فيها طويلاً، عندئذ نكون قد اقتربنا منها حقّاً.

ها هي الآن أمامك أيها المسافر اليها. أنظر جيّداً.

* * *

على الرصيف المقابل للمبنى، ألتقي بأول فلسطيني يمارس صلاحياتٍ واضحةً ومفهومة: رجلٌ نحيلٌ متقدم في السن يجلس وراء طاولةٍ صغيرة، نصَبَها في ظل الحائط ليتقي قيظ حزيران، ينادي عليّ بصوتٍ مرتفع:

ـ تعال هون يا أخ. خذ تذكرة للباص.

ليس هناك ما هو موحشٌ للمرء أكثر من أن ينادى عليه بهذا النداء، «يا أخ».

(يا أخ) هي، بالتحديد، العبارةُ التي تُلغي الأخوّة!

تأملتُه لحظة.

دفعتُ له ثمنَ التذكرة بالعملة الأردنية. ابتعدتُ خطوتين أو ثلاث ثم توقفتُ. التفتُّ اليه مرة أخرى. ركضتُ الى الباص. لا. لم أركض بالضبط. كنت أمشي مشيةً عاديةً جداً. شيءٌ بداخِلي كانَ يَرْكُض.

جلستُ في الباص إلى أن امتلأ بأمثالي من عابري الجسر. سألتُ السائق الى أين نذهب الآن؟

ـ الى استراحة أريحا.

ها أنا أدخل الى فلسطين أخيراً. لكنْ، ما هذه الأعلام الإسرائيلية؟

أَنظُرُ من نافذة الباص فأرى أعلامَهم تبدو وتختفي على نقاط الحراسة المتكررة. بعد كل بضعة أمتار، تظهر أعلامُهم!

شعور بالإنقباض لا أريد أن أعترف به. شعور بالأمان يرفض أن يكتمل.

عيناي لا تفارقان النافذة. وصورٌ لأزمنةٍ مَضَتْ وانقضتْ لا تفارق عينيّ.

في هذا الباص البطيء، أستعيدها كاملة كأنني كنت فيها أمس، صالة الإفطار في فندق الكارافان، الذي التمَّ فيه شملُنا كأسرة لأول مرة بعد الـ 67 .

كان ذلك في صيف العام التالي للحرب، صيف 1968 . كنت أعمل في الكويت. الوالدة والصغير علاء في رام الله. الوالد في عمّان ومجيد في الجامعة الأردنية، ومنيف يعمل في قَطَر.

عبر كافة وسائل الإتصال المتاحة في تلك الأيام، اتفقنا أن نلتقي جميعا في عمّان. وصلْنا تباعا الى فندق «الكارافان» في جبل اللويبدة وهو فندق صغير وأنيق من ثلاثة أو أربعة طوابق.

كان ذلك أول لقاء بأمي وأبي واخوتي منذ فرّقتنا الحرب. نزلنا في ثلاث غرف متجاورة. الفنادق ترتبط بالنوم. لم ننم. كان الصباح يفاجئنا كأنه ليس متفقاً عليه في النظام الشمسي. كأنه يظهر ويختفي بلا منطق وعلى غير توقّعٍ من أحَد.

لم أذق إفطاراً كإفطارات ذلكَ الصيف.

مثيرٌ أن تبدأ نهارك مع العائلة كلها بعد مضي كل تلك الشهور الغريبة. كنا ننظر الى بعضنا كأن الواحد منا يكتشف وجودَ الآخر لأوّل مرة في نفس المكان. كأننا نستعيد في كل يوم أمومة أُمّنا وأبوّةَ أبينا، وأُخوّةَ الأُخوة وبنوّة الأبناء. الغريب أن أحَداً منا لم يفصح عن تلك المشاعر باللغة المنطوقة. كان فَرَحُنا بوجودنا معاً في هذا الفندق معلّقا في الهواء المحيط بنا. نشعر به ولا نريد أن

نفضحه. كأنه سرّ من الأسرار. وكأنّ المطلوب منا جميعاً أن نكتمه.

الفندق بحدّ ذاته، فكرة الفندق بحدّ ذاتها، كانت تحمل معها اليقين بأن اللقاء عابر، مؤقّت، ويوشك على الإنتهاء. منذ الليلة الأولى تحوّل اللقاء الى ذعرٍ من الإنفصال الأكيد. بدأ التوتر يختلط بالبهجة. لم نكن نتفق هل نطلب السَّلَطة بزيت الزيتون أم بدونه، بالليمون أم بدونه، هذا يريدها ناعمة، وذاك يريدها خشنة. الخ. وفي برامج الخروج تجلى التوتر الأكبر؛ هذا يقترح زيارة لأحد الأقرباء المقيمين في عمّان وذاك لا يريد الخروج أصلاً، وذاك يقترح مكاناً آخر. ولكن الأمر لم يَخْلُ من فكاهات وقفشات وطرائف يومية أتذكر أجواءها ولا أتذكرها الآن.

في الكارافان جددت التعرف على اخوتي وعلى أمي وأبي. لقد جدّت على الجميع ظروف استثنائية لا أعرفها. وجدّت عليّ ظروف غيرها. اضطرني خالي عطا بإلحاحه الذي لا يُردّ أن أسافر الى الكويت وهناك وجدت عملاً في الكلية الصناعية فلا يعقل ان يواصل منيف الإنفاق عليّ بعد تخرّجي أيضاً. لم أحب مهنة التدريس أبداً. قبلتها كحلٍّ مؤقت الى أن تتضح الأمور.

منذ الـ 67 وكل ما نفعله مؤقّت و«إلى أن تتضح الأمور». والأمور لم تتضح حتى الآن بعد ثلاثين سنه(!) حتى ما أفعله الآن ليس واضحاً لي. أنا مندفع باتجاهه ولا أحاكم اندفاعي. وهل يكون الإندفاع اندفاعاً إذا حاكمناه!

في نكبة 1948 لجأ اللاجئون الى البلدان المجاورة كترتيب «مؤقّت». تركوا طبيخهم على النار آملين العودة بعد ساعات!. انتشروا في الخيام ومخيمات الزنك والصفيح والقش «مؤقتاً». حمل الفدائيون السلاح وحاربوا من عمّان «مؤقتا» ثم من بيروت «مؤقتاً» ثم أقاموا في تونس والشام «مؤقتاً». وضعنا برامج مرحلية

للتحرير «مؤقتاً» وقالوا لنا إنهم قبلوا اتفاقية أوسلو «مؤقتاً» الخ الخ. قال كل من لنفسه ولغيره «الى أن تتضح الأمور».

علاء الصغير يلح على اللحاق بأبيه واخوته. الوالد لا يتيح له عمله كعسكري في الجيش الأردني أن يذهب الى الضفة بعد احتلالها الخ.

رغبة الوالدة في التخطيط لحياة الأسرة في ظروف تجعل فكرة التخطيط فكرة أقرب الى العَبَث. منهمكة في تقليب البدائل.

وجهها المرهق اكتسب حيوية مُضافة بفعل الرغبة في تحدّي الصعوبة والتبعثر. عيناها الخضراوان بشكلهما الأقرب الى شكل المثلّث، تلمعان بيقظتهما الدائمة حتى في ذروة النعاس آخر الليل.

الوالد بهدوئه الذي يشعرك أن الأمور ستسير في النهاية حتى لو لم يفعل المرء شيئاً لتسييرها. شيء من صبر حكماء الهند يزيد من هدوئه الذي يستفز أمّي المتسائلة دائماً والباحثة بالأظافر عن حلول.

عيناه الضيقتان بسوادهما العميق لا تُفصحان عن أحوال قلبه إلا عندما يضحك. أنا الوحيد الذي ورثت عنه سواد العينين وضيقهما. منيف ومجيد وعلاء لهم عيون خضراء كعيني أمي.

منيف الشاب الشديد الوسامة الذي يقوم بدور تربويّ لأشقائه الأصغر وهو لم يتجاوز السابعة والعشرين من عمره. كل عقبة يتبرع بحلّها وكل تضحية يسارع لتقديمها باستعجال ودون تردد.

مجيد الفارع الطول ازداد طولاً. له طريقة في اشتقاق المرح والفكاهة حتى من المأساة. يرسم وينحت ويكتب الشعر دون رغبة في نشره (حتى الآن يرفض أن يسعى للنشر مع أن ما يكتبه شديد التميّز) وله قلب شديد الإنتباه.

علاء الصغير الذي يعشق الفلسفة، يريد تعلم الهندسة، يكتب الأغاني باللهجة المحكية، ويريد أن يتعلّم العزف على العود.

وجهه المائل للشقرة وشعره الإفريقيّ الأكرت، منحاه وسامةً خاصة به. حافظ علاء على طفولة يندر أن يحافظ الرجال على مثلها وبياض شعرهم يخالط سواده.

تبعثر الأسرة علّمها الترابط. وفي لحظة اللقاء نصبح نحن الرجال الأربعة أطفالاً أمام الوالدين، حتى بعد أن أصبحنا آباء لأحفادهما.

بعد أسبوعين عاد كل منا الى مكانه.

اتفقنا أن تقيم الوالدة مع أبي ومجيد وعلاء في عمان بعض الوقت، ثم تعود الى رام الله لتجديد تصريحها وهويتها، حتى لا تفقد حقها في الإقامة في فلسطين التي أصبحت بأكملها محتلّة.

كان الإحتفاظ بحق المواطَنة ولو تحت الإحتلال مكسباً لا ينبغي التفريط به مهما كانت الظروف. وما زالت الوالدة تحمل هويتها وما تزال مواطنة. لكنهم لم يسمحوا لها أبداً أن تحصل لمنيف ولي على «لمّ الشمل».

لم نلتقِ كأسرة كاملة بعد ذلك إلا بعد عشر سنوات في مدينة الدوحة في زيارة لمنيف قبل تركه قَطَر إلى فرنسا.

فوجئتُ بتوقّف الباص كأنه وصل قبل أوانه. الحمّالون يتصايحون تحت نوافذه. تذكرت قِصَر المسافات عموماً بين كل الأماكن في فلسطين.

حملت حقيبتي ونزلت.

هذه هي استراحة أريحا.

* * *

من هنا يتوزّع القادمون الى مختلف مدن البلاد.

هنا ترتفع الأعلام الفلسطينية وَحْدَها.

سيارات التاكسي تصطفّ تحت اليافطات التي تحمل أسماءَ

المدن، رام الله، نابلس، جِنين، طولكرم، الخليل، غزة والقدس.

كما في كل المحطات يستقبلك شِجارُ السائقين للإستحواذ على راكب. صراخ. تهديدات. شدّ وجذب. يظهر شرطيّ فلسطينيّ شاب يفضّ النزاع بِحِكْمَة.

تنطلق بي السيارة الى رام الله.

أجلسُ بجوار السائق في سيارة مرسيدس قديمة تحمل سبعةً من الركّاب.

في السيارة، أبدو كشخصٍ أصابهُ الخَرَس. أم أنني بالفعل أهذي عمري وأثرثره دفعة واحدة على مسامع نفسي فأكون منها كما يكون المصاب بالحُمّى، تظنه نائماً أو صامتاً بينما كلّ جَسَدِهِ حِكايات؟

هؤلاء أهلي لماذا لا أتبادل معهم الحديث؟

كنت أقول لزملائي وزميلاتي المصريين في الجامعة إن فلسطين خضراء مغطّاة بالأشجار والأعشاب والزهور البرّية، ما هذه التلال؟ جيريّةً كالحة وجرداء! هل كنت أكذب على الناس آنذاك؟ أم أن إسرائيل غيّرت الطريق الذي تسلكه سيارات الجسر وحوّلَتْهُ الى هذا الطريق الكالح الذي لا أذكر أنني سلكته في سنوات الصبا؟

هل قدّمتُ للغرباء صورة مثالية عن فلسطين بسبب ضياعها؟ قلت لنفسي عندما يأتي تميم الى هنا سيظن أنني وصفتُ له بلاداً أخرى!

أردت أن أستفسر من السائق عما إذا كان الطريق هكذا على امتداد السنين، لكنني لم أفعل. شعرت بغصّةٍ غامضة وبنوعٍ من الخذلان.

هل كنت أصف للناس دير غسانة بتلال الزيتون المحيطة بها

وأقنع نفسي أنني أصف كل تضاريس البلاد؟ أم أنني كنت أصف لهم رام الله، المصيف البديع الأخضر متوهّماً أن كل بقعةٍ في فلسطين تشبه رام الله تماماً؟

وهل كنت حقا أعرف الكثير من ملامح الأرض الفلسطينية؟ السيارة تواصل طريقها وأنا أواصل النظر من نافذتها على يميني وعلى يسار السائق. ما هذا العَلَمُ الإسرائيلي؟ ألم ندخل «مناطقَنا» منذ فترة؟ هذه هي المستوطنات إذاً!

أن يتحدث المتحدثون عن المستوطنات شيء، وأن تراها بعينيك شيءٌ آخر.

كل الإحصائيات سخيفة بلا معنى. النـدوات والخُطَب والإقتراحات والإستنكارات والذرائع وخرائط التفاوض وحجج المفاوضين، وكل ما سمعناه وقرأناه عن المستوطنات، لا يساوي شيئا أمام مشاهدتها بعينيك.

أبنية متدرّجة من الحجر الأبيض متلاصقة ومتكاتفة. تصطف خلف بعضها في سطور منسّقة، راسخة في أماكنها. بعضها عمائر وبعضها بيوت يغطي سقوفها القرميد. هذا هو البادي للعين الناظرة من بعيد.

ما هو شكل حياتهم من الداخل يا ترى؟

من يكون سكان هذه المستوطنة؟ من أين أتوا قبل أن يؤتى بهم الى هنا؟ هل يلعب أطفالهم الكرة وراء هذه الأسوار؟ وهل رجالهم ونساؤهم يمارسون الحب خلف هذه النوافذ؟ هل يفعلون ذلك والمسدسات على جنوبهم؟ والرشاشات هل يعلّقونها معبّأة وجاهزة على جدار غرفة النوم؟

على التلفزيون لا نشاهدهم إلا مسلّحين.

هل يخافون منا حقّاً أم نحن الذين نخاف؟

إذا سمعتَ من خطيبٍ على منبر كلمة «تفكيك المستوطنات» فاضحكْ واضحكْ كما تشتهي. إنها ليست قِلاعاً من الليجو أو الميكانو التي يلهو بها الأطفال. إنها إسرائيل ذاتها. إنها إسرائيل الفكرة والأيدولوجيا والجغرافيا والحيلة والذريعة. إنها المكان الذي لنا وقد جَعَلوهُ لَهُمْ. المستوطنات هي كِتابُهُم. شَكْلُهُم الأول. هي الميعاد اليهوديّ على هذه الأرض. هي غيابنا. المستوطنات هي التيه الفلسطيني ذاته.

قلت لنفسي إنّ مُفاوِضي أوسلو كانوا يجهلون المعنى الحقيقيّ لهذه المستوطنات وإلا لما وقّعوا الإتفاقية!

تنظرُ من نافذة السيارة يميناً فتفاجَأ بأنّ الشارعَ النحيل المتآكل الذي يحملك، يصبح أكثر اتساعاً ونعومةً وأناقة. اسفلتهُ يزداد بريقاً، وسرعان ما ينفصل عن الطريق، صاعداً الى تلّةٍ فاخرةِ المباني، فتدرك أنه يُفْضي إلى مستوطنة.

تنظر إلى يسارك بعد قليل، فترى مستوطنة ثانيةً وشارعاً أنيقاً عريضاً آخر يؤدّي إليها. ثم ترى الثالثة والرابعة والعاشرة وهكذا.

الأَعلام الإسرائيلية ترتفع على مداخلها. وتلاحظ أن الكتابة على إشارات المرور باللغة العبرية فقط.

مَن أقامَ كلَّ هذا الهول؟ مَن بناه؟

عندما اجتزتُ الجسر كان زعيمُ «الليكود» بنيامين نتنياهو بانتظار النتائج النهائية لتأكيد فوزهِ في الإنتخابات. إنه «حزب العمل» اذاً. انه شمعون بيريز الذي صَوَّرَهُ الإعلام العربيّ لرِجالِنا وكأنه صلاح الدين الأيوبي، ولنسائِنا كأنه عُمَر الشريف ولجامعةِ الدول العربية كأنه مِن بَني قحْطانْ!

منذ بن جوريون وحزب العمل يبني على أرضنا هذه المستوطنات. بُلَهاءُ الليكود يثيرون لغطاً وضجيجاً عالياً حول سياستهم في الإستيطان، وحول كل مستوطنةٍ جديدةٍ يبنونها. لكنّ

دُهاةَ حزب العمل يذكّرونني بتلك الحيلة الخبيثة التي قرأتُها في أيام الطفولة، عن اللص الذي سرق سيارة.

في اليوم التالي أعادها لأصحابها وترك لهم بداخلها رسالة اعتذار رقيقة، يقول فيها إنه لم يقصد سرقةَ السيارة، بل كل ما حدث، أنه احتاجها لليلةٍ واحدةٍ فقط، للخروج مع حبيبته؛ إنه يعيد السيارة الآن، وبداخلها بطاقتان للدخول الى المسرح، يقدمهما هديةً لصاحب السيارة وزوجته، تأكيداً لاعتذاره وحسن نواياه.

ابتسم الزوجان وأعجبا برقّة اللص العاشق وظُرْفِه.

في المساء ذهبا بالفعل الى المسرح.

عادا في وقت متأخر من الليل طبعاً ليكتشفا أن اللص الرائع قد سرق أثناء غيابهما كل ما هو ثمين في منزلهما وهَرَب!

قد يخنقك مجرم بشال من الحرير وقد يهشّم رأسَك بفأسٍ من الحديد. وسيضمن مصرعك في الحالتين.

التطابق ليس تاما بالطبع بين حكاية حزب العمل وحكاية ذلك اللص. لكنّ ثنائية الدهاء والغباء، تمتزج في المشروع الصهيوني منذ بداياته. وهناك باستمرار، في اسرائيل، رموزٌ تُمَثل طرفيّ المعادلة الواحدة.

ومهما حدث هم يستفيدون في الحالتين. يستفيدون من التدبّر الناعم، ويستفيدون من البلطجة أيضاً.

المعتدلون يتعلّمون لغة الحديد من المتطرّفين في فترة من الفترات. والمتطرفون سيتعلمون لغة الحرير من المعتدلين إذا اقتضى الأمر. ونحن، أصحابَ المنزل، نخسرُ في كل الأحوال، ونخسر على كل الوجوه.

كيف تركناهم يقيمون كلَّ هذه المدن؟ القلاع؟ الثكنات؟ سنة بعد سنة؟

قال لي بشير البرغوثي قبل عدة سنوات إنه من شرفة بيته في دير غسانة كان يرى أضواء المستوطنات تتزايد سنة بعد سنة حتى باتت تحيط بدير غسانة على شكل دائرة؛ وانهم بالتدريج وفي ظل صمتنا الطويل انتشروا في كل مكان.

نسيج السجّادة هو المستوطنات. عليها بعض النقوش متناثرة هنا وهناك هي كل «ما تبقّى لنا» من فلسطين. وفي الترتيبات التفاوضية الأخيرة خرجوا من منازلنا لكنهم يواصلون احتلال الطرقات المؤدية اليها. ولهم الحق في ايقافك على الحواجز الأمنيّة الكثيرة وعليك الإنصياع.

أما القدس فلم يُسْمَحْ لي أن أراها بالعين أو أن أدخلها. لا ماشياً ولا راكباً ولا طائراً بجناحين. حتى الطريق الى رام الله الذي كان يمر من القدس غيّروه عَبْرَ شوارعَ التفافيةٍ معقّدة حتى لا نراها من زجاج السيارة!

فقط برفقة قياديّ فلسطيني من الذين يحملون بطاقة « شخص مهم جداً» يمكنك الذهاب الى القدس. (والشخص المهم جدا بالنسبة للإسرائيليين لن يأخذك لرؤية القدس إلا اذا كنت أنت شخصا مهمّاً بالنسبة له هو!). لم أجد من يصطحبني الى القدس.

* * *

عندما وصلنا «دوّار الشَّرَفة» سألت السائق إن كان يعرف بيت الدكتور حلمي المهتدي. فقال على الفور:

ـ ولكنه مات منذ سنين!

ـ أعرف.

(لم أكن أعرف. لكن «أبو حازم» وصف لي بيته بأنه مقابل بيت الدكتور حلمي المهتدي)

ثم أضفتُ موضّحاً:

ـ أنا رايح لبيت قريب منه.

كان أبو حازم يسكن في عمارة اللفتاوي التي سكنّاها أيضاً ولكنه انتقل الى بيت جديد بعد ذلك ورغم الوصف المعتنى به الذي كان شرحه لي ولمنيف من قبلي لعنوان البيت الا أنني بسبب تشتت الذهن والتوتر لم أستطع استعادة الوصف، وزاد من صعوبة الأمر أنني دخلت رام الله بعد حلول الظلام.

قال السائق:

ـ والله أنا باعرف عيادته على المنارة بس باعرفش البيت.

سألتني السيدة الجالسة في المقعد الخلفي عن البيت الذي أقصده بالضبط.

قلت لها:

ـ بيت مغيرة البرغوثي، أبو حازم.

سألَت عن اسم زوجته.

قلت لها:

ـ فدوى البرغوثي. تشتغل في «جمعية إنعاش الأسرة».

قالت إنها تعرفها وإنهما عملا معا في الجمعية. لكنها لا تعرف موقع البيت.

تدخّل شخصٌ أخر من المقعد الخلفيّ وقال للسائق:

ـ جَرِّبْ ادخل من الشارع القادم الى اليسار وبعدين اسأل في المنطقة هناك. أعتقد بيت الدكتور قريب من هنا.

انعطَفَ السائقُ يساراً وقطعنا مسافةً قصيرة ثم توقفنا لعل أحد المارة يدلّنا. كانت الساعة تشير الى الثامنة والنصف ليلاً. ما ان توقفت السيارة حتى سمعتُ أصواتاً تنادي:

ـ عمّو مريد عمّو مريد. إطلعْ احنا هون!

في لمح البصر كانوا حولي.

ـ وين الوالد؟

قالت فدوى إنه بمجرد رؤيته لسيارة من سيارات الجسر تتوقف

(حقائب الركّاب مرصوصة فوقها) ركض الى الهاتف ليطمئن ام منيف في عمان.

كنت متأكداً أن أمي ستقضي اليوم بطوله بجوار الهانف حتى تتأكد من وصولي سالماً. ما زالت تجربة إعادتهم لمنيف من الجسر ما ثلة أمام عينيها. حين ودّعتني عند الجسر كان على وجهها مزيجٌ من ملامح الرجاء واليأس.

وكنت واثقا أيضاً أن رضوى وتميم في القاهرة ينتظران اتصالي بهما من رام الله منذ الظهر.

ـ كلّنا على البرندات من الظهر.

وقالت ابنتها عبير:

ـ أبراج مراقبة. بابا وماما في برندة الطابق الأول وأنا وسام في الطابق الثاني. الحمد لله على السلامة.

هَجَمَ أبو حازم فاتحاً ذراعيه.

هجم عليَّ بشَعره الأبيض وذراعيه الأفقيتين. صَليبٌ يركضْ. صليبٌ مبتهجٌ يركض نحوي. التقت أكتافُنا في ثلث الشارع تقريباً باتجاه بيته.

اتصلتُ بامّي وعلاء وإلهام في عمّان، وبرضوى وتميم في القاهرة:

ـ أنا في رام الله.

وفي «برندة» «أبو حازم» كانت هناك، داخل إطارها الأسْوَد، معلقةً على الجدار، وهي أول ما وقَعَتْ عليه عيناي: صورةُ «منيف».

* * *

2

هنا رام الله

الصباح الأول في رام الله. أستيقِظُ وأسارع بفتْح النافذة.

ـ شو هالبيوت الأنيقة يا «أبو حازم»؟

سألت وأنا أشير بيدي الى «جبل الطويل» المطل على رام الله والبيرة.

ـ مستوطنة.

ثم أضاف،

ـ شاي؟ قهوة؟ الإفطار جاهز.

يا لها من بداية لاستئناف العلاقة بالوطن! ولماذا تداهمني السياسة هكذا؟ إنّ في رام الله والبيرةِ أشياء أخرى غير المستوطنات!

أنت العائد الى مدينة صباك وشبابك بعد ثلاثين سنة تحاول على الفور استدراجَ الفَرَحِ الى قلبك كما تُسْتَدرَجُ الدجاجاتُ الى صحن الشعير.

ما الذي يجعل فرحك يعتمد على المحاولة لا على التجلّي؟

ألأنك تعرف انّ هناك شيئاً غيرَ مكتملٍ في المشهد كلّه؟ شيئاً

ناقصاً في الوعد، وفي المتحقق من الوعد؟

ألأنك مثقل؟

ألأنك لم تألف الألفةَ بعد؟

هل أنت في الرقصة أم في الإعتذار عنها؟

أتعترض على المعزوفة أم على العازفين؟

الفرح تدريب وخبرة. لا بد أن تتخذ الخطوةَ الأولى. رام الله لن تتخذها. رام الله مكتفية بما هي. مكتفية بما عاشته. القريب منها قريب، والبعيد عنها بعيد. ذَهَبَتْ في طُرُقها كما قدّر لها أهلُها حيناً و كما قدّر لها أعداؤها أحياناً. تعِبَتْ و تحملَتْ. هل هي التي تنتظر أن تُلقي برأسها على كتفيك أم أنك تلجأ الآن الى كتفيها؟

لقاءٌ ملتبس. لا نعرف فيه مَن مِنّا يعطي ومن منا يأخذ. كنتَ تقول ذلك للمَرأة. الحُب هو ارتباكُ الأدوار بين الآخذِ والمُعطي. هذا حديثٌ عن الحب. حسنا. ها هي دجاجات الفرح تستجيب للاستدراج التلقائي (هل هناك استدراجٌ تلقائي؟) ها أنت تقول خذوني الى مدرستي. إلى شارع الإذاعة. إلى دار خالي ابو فخري. إلى عمارة اللفتاوي. خذوني إلى دار الحاجة ام اسماعيل، إلى منازل سكنتها وطُرُقِ مشيتَها. ها أنت تستطيع أن تعود لتمشيها، ذلك ما لم يستطعه «منيف» الراقد الآن في مقبرة في أطراف عمّان. موته ليس هو الذي منَعَهُ من العودة، بل منْعُهُ من العودة هو الذي أماتهُ فيما بعد. قبل ثلاث سنوات أعادوه من الجسر بعد يوم من الإنتظار. كرَّرَ المحاولةَ بعد بضعة أشهر، فأعادوه للمرة الثانية. لا تزال أمي، بعد مرور ثلاث سنوات على تلك الواقعة، عاجزةً عن نسيان لحظاتها الأخيرة معه على الجسر. استمات على الدخول الى فلسطين التي غادرها بحثاً عن الرزق وهو ما يزال في الثامنة عشرة من العمر.

إن كتباً كثيرة يجب أن تُكتب حول دور الشقيق الأكبر في العائلة الفلسطينية، منذ مراهقته يصاب بدور الأخ والأب والأم ورب الأسرة وواهب النصائح والطفل الذي يبتلى بإيثار الآخرين وعدم الاستئثار بأي شئ. الطفل الذي يعطي ولا يقتني. الطفل الذي يتفقّد رعيّة تكبرهُ سِنّاً وتصغرهُ سِناً فيُتقِنُ الإنتباهَ.

موتُهُ المباغت هو الدويّ الأعظمُ في حياة الأسرة كلّها. كان وصل الى هذه البوابة الأخيرة لكنها لم تنفتح له أبداً.

ها أنا أخطو على بقعةٍ من التراب لن تصلَها قدماه. لكنّ المِرآة المعلقة في غرفة الإنتظار على الجسر عَكَسَتْ وجْهَه هو عندما نظرتُ فيها.

شوارع رام الله، عندما مشيت فيها، شهدَتْ صدرَه المندفعَ قليلاً الى الأمام، وخطواتِه المستعجلة.

منذ قدّمتُ أوراقي لسلطات الجسر، ووجهه يلحّ عليّ.

هذا المشهد مشهدُهُ هو. مشهدُ منيف.

هنا انتظَر. هنا خاف. هنا تفاءل واستبشر. هنا حققوا معه. هنا سمحوا لأمي بالدخول ومنعوه.

هنا كان عليهما أن يفترقا. هي مُكْرَهَةٌ على إكمال رحلتها غرباً الى رام الله، وهو شرقاً الى عمّان، ومنها الى منفاه الفرنسيّ حيث مات بعد ستة أشهر وهو لم يتجاوز الثانية والخمسين عاماً.

هنا صرَخَتْ في وجوه الجنود: أعيدوني معه إذاً.

هنا بكَتْ على كتفه. وبكى على كتفها.

هنا ودّعَتْهُ الوداعَ الأخير.

عندما دخلتُ إلى دير غسانة كانت يدُهُ في يدي. سِرْنا جنباً الى جنب نحو «داز رَغدْ» بيتِنا القديم. وعندما اجتزتُ عتبته للمرة الأولى منذ ثلاثين سنة، كانت الرّعْشةُ التي أصابتْ جَسَدي دون أن

يلتفتَ لها أحد، هي ذاتها الرعشة التي غمرتني وأنا أهبط بجثمانه الى القبر في ذلك اليوم المغمور بالذهول والمَطَر، في مقبرةٍ تقع على أطراف عمّان.

لم أذهب الى دير غسانة بعد.

إنهم يعدّون لي لقاءً مع الأهالي وامسيةً شعرية، وسيخبرونني باليوم المناسب.

أنا الآن في رام الله.

* * *

دخلْتُها ليلاً.

كان الطريق اليها طويلاً. منذ 1967 وأنا أمشي. من اول شمس أمس إلى أول شمس اليوم وأنا أمشي.

ربيعُها المُعانِد، لا يريد أن يُسْلِمَ نفْسَهُ لصيفها المتردد الخجول في الموعد المألوف. الربيع يزاحم بكتفيه. بألوانه. بشهقةِ البَرْدِ والنّدى في هوائه. بأخضَرِهِ الذي، عامِداً مُتَعَمِّداً، لم يكتملْ بعد، ولم يُصبحْ غامقاً كما يطالِبُهُ الصّيف.

فوضى المدن، هدوء البراري، شعارات المنتفضين، رائحة الصفوف الإبتدائية. مذاق الطباشير. صوت الأستاذ أحمد صالح عبد الحميد وأحمد فرهود والشاطر الذي يميز التمييز من النعت من الحال. وكيف يمكن وصف هذا الحال الذي وصلنا (لم نصل؟) اليه؟ وكيف يمكن التمييز بين الأيدولوجيات والآراء المتعارضة والنظريات السياسية من جهة، وهذه التينة الخضراء التي تغطي ثلث الهضبة التي تُجاوِرُ بيت «أبو حازم»، من جهة أخرى؟

أطلّ من هذه النافذة التي تقع على بُعد ثلاثين عاماً من العمر، وتسعة دواوين من الشعر، وعلى بعد العين عن دمعتها تحت صفصاف المقابر البعيدة.

أُطِلُّ من النافذةِ على مَسْعى العُمْرِ الوحيدِ الذي مَنَحَتْهُ لي أُمّي؛

ومسعى الذين غابوا الى أقصى درجات الغياب والى عزاء النفس بـ «ولا تحسبنّ». ولماذا في نافذة البهجة تداهِمُني ذاكرةُ المَراثي؟

إنهم هُنا.

هل يطلّون معي من النافذة؟

يرون ما أرى، أبتهج لما يبهجهم، أسخر مما يسخرون منه، أعترض على ما يعترضون عليه؟

هل أستطيع أن أكتب بأقلامهم على ورقهم الشديد البياض ما يخطر ببالي الآن: ان الشهداء أيضا جزء من الواقع، وان دم المنتفضين والفدائيين واقعيّ؟ ليسوا خيالا كأفلام الكارتون وليسوا من اختراع والت ديزني ولا من تهويمات المنفلوطي. واذا كان الأحياءُ يشيخون فإن الشهداءَ يزدادون شباباً.

رام الله السّرو والصنوبر، أراجيح المهابط والمصاعد الجبلية، اخضرارها الذي يتحدث بعشرين لغة من لُغات الجمال، مدارسنا الأولى حيث يرى كل طفل منا ان الأطفال الآخرين أكبر سناً وأكثر قوة. دار المعلمات. الهاشمية. الفرندز. رام الله الثانوية. نظراتنا الآثمة على أسراب بنات الإعدادية اللواتي يمرجحن سَلَّةَ الوثوق باليمنى وسَلَّةَ الإرتباك باليسرى و(يشلفن) عقولَنا حين ينظرن الينا وهنّ لا ينظرن الينا. مقاهينا الصغيرة. المنارة. قال لي «أبو حازم» ان المنارة أزيلت من أجل تخطيط المرور في وسط المدينة واستبدلوا بها الإشارات الضوئية. كتابات الجدران. فُلُّ الإنتفاضةِ وفولاذُها الشفّاف، آثارها الواضحةُ كالبصمة الليلكية.

بعد كم ثلاثينَ سنةً أخرى سيعود الذين لم يعودوا؟ ما معنى أن أعود أنا أو غيري من الأفراد؟

عَوْدتَهم هم، عَوْدَةَ الملايين، هي العودة. موتانا ما زالوا في مقابر الآخرين، وأحياؤنا ما زالوا عالقين على حدود الآخرين.

على الجسر، على هذه الحدود العجيبة التي لا مثيلَ لها في

القارّات الخمس، تُداهِمُك ذاكرةُ وقوفك على حدود الآخرين.

ما الجديدُ هنا؟ ما زال الآخرون هم الأسياد على المكان. هم يمنحونك التصريح. هم يدققون أوراقك. هم يفتحون لك الملفّات. هم يجعلونك تنتظر. هل أنا متعطشٌ لحدودي الخاصة؟ أنا أكرهُ الحدود. حدودَ الجَسَدِ، وحُدودَ الكتابة، وحُدودَ السلوك، وحُدودَ الدُّوَل. هل أريد حقاً حُدوداً لفلسطين؟ وهل بالضرورة ستكون حُدوداً أفضل؟

ليس الغريب وحده هو الذي يشقى على الحدود الغريبة. المواطنون يرون نجوم الظُّهر أحيانا على حدود أوطانهم.

لا حدودَ للأسئلةِ. لا حدودَ للوطن. الآن اريد له حدوداً وسأكرَهُها لاحقاً.

عجيبةٌ رام الله.

متعددةُ الثقافات، متعددة الأوجه. لم تكن مدينة ذكورية ولا متجهّمة. دائماً سَبّاقة الى اللحاق بكل ترفٍ جديد. فيها شاهدت الدبكة كأني في دير غسانة. فيها تعلّمتُ التانجو منذ سنوات المراهقة. وفيها تعلمتُ لعبة البلياردو في صالون «الأنقر». وفيها بدأت أحاول كتابة الشعر. وفيها نشأ اهتمامي بالفن السينمائي منذ الخمسينات عبر برامج سينما «الوليد» و«دنيا» و«الجميل». وفيها تعودتُ، على الإحتفال بالكريسماس ورأس السنة.

لم تُلاحِقْنا عيونٌ فضوليةٌ أبداً ونحن نذهب الى مقهى وحديقة «رُكَبْ» شبّاناً وصبايا لتناول الشوكالامو والبيتش ملبا والميلك شيك والبنانا سبليت في ظلال أشجاره الجميلة وعلى أرضيته المفروشة بالحصى الأبيض.

سَهِرْنا مع أصدقائنا وأهالينا في منتزه رام الله ومنتزه البيرة ومنتزه نعّوم. كنا نتعرّفُ على ملامح بعض المشاهير الذين يتحلّقون على الموائد الأنيقة في فندق عودة وفندق حرب، يرتدون

الطرابيش ويناقشون القضايا السياسية وهم يمسكون بخراطيم «الأرجيلة». رام الله كانت شديدة النظافة في شوارعها ومطاعمها ومقاهيها ومنتزهاتها وكذلك مدينة البيرة، المدينة التوأم لرام الله.

وفي رام الله عرفتُ المظاهرات للمرة الأولى في حياتي.

تظاهَرْنا ضد حِلف بغداد. وتظاهر أهل القدس ونابلس وباقي المدن. هَزَّنا خبر استشهاد الطالبة رجاء أبو عماشة في تلك المظاهرات ونحن نرتدي الشورت. كنت أعرف ان منيف يخبّئ المنشورات السرية في حذائه لينقلها من مكان إلى مكان دون ان يشكّ فيه أحد لأنه طفل. وكنا نتابع أخبار القبض على ابن عمنا بشير ونزور جارتنا في عمارة اللفتاوي ام بشير لنواسيها ونسأل عن أخباره.

تظاهَرْنا من أجل طرد جلوب باشا وتعريب الجيش الأردني، ورقَصْنا طرباً عندما تم ذلك بالفعل نتيجة لتطورات سياسية لاحقة.

تابعْنا صراعات الأحزاب: الشيوعي، والبعث، و«الإخوان المسلمون» على قدر أفهامنا كمراهقين. تابَعْنا الإنتخابات التي جاءت بحكومة سليمان النابلسي. تَلَصَّصْنا الاستماع الى خطب جمال عبد الناصر من صوت العرب لأن الاستماع الى صوت العرب كان يعرّض الشخص للشبهة و ربما المساءلة.

في رام الله طربنا لقرار جمال عبد الناصر تأميم قناة السويس وتابعنا أخبار بورسعيد وصمودها. في رام الله رقصنا للوحدة بين سوريا ومصر وإعلان الجمهورية العربية المتحدة. وفيها بكينا يوم إعلان الإنفصال.

فيها دغدغتنا أحلامُ القوة بصواريخ القاهر والظافر وفيها سمعنا لأول مرة بالقرارات «الإشتراكية» الصادرة في مصر وأصبحنا، نحن طلابَ المدارس الصغار، نتساءل عما يمكن أن يعنيه ذلك المصطلح.

كنا نصحو على صوت «أبو الحبايب» بائع الجرائد الذي لم يغيّر معطفَ الجيش لإنجليزي الذي كان يرتديه صيفا أو شتاءً، وذيله الفائض عن قامته يلامس أرض رام الله كلها: «الدفاع»! «الجهاد»! «فلسطين»! الجرائد الثلاث احتجبت في لاحق السنوات، أما أبو الحبايب فمن بين جميع عمارات المدينة، كان قدَرُهُ أن يموتَ من شظيةٍ قتلَتْه أمام بيتنا نحن في عمارة اللفتاوي.

عثروا على جثته في ذلك الصباح الكابي من حزيران 1967 والجرائد التى ظل يهتف بأسمائها عمراً كاملاً تغطي وجهه وعينيه ومعطفه الطويل.

من أين جاء ابو الحبايب؟ أين أهله؟ الكل يعرفه ولا أحد يعرفه. أبو الحبايب أصابته الشظية بعد أن أصابته الغربة في رام الله، التي لم يغادرها في حياته الى أي مكان آخر. هل هو المواطن أم الغريب؟ من يشرح لك الفارق بينهما يا بيّاع الجرائد؟ ومَن قَتَلَكَ يا رجل؟ هل قتلتكَ الشظيّة أم قَتَلَتْكَ العناوين؟

* * *

وكيف نفسّر اليوم، بعد ان كبرنا وعقلنا، أننا في الضفة الغربية عاملْنا أهلَنا معاملة اللاجئين؟ نعم أهلنا الذين طردتْهم إسرائيل من مدنهم وقراهم الساحلية عام 1948 ، أهلنا الذين انتقلوا اضطراراً من جزء الوطن الى جزئه الثاني وجاءوا للإقامة في مدننا وقرانا الجبلية أسميناهم لاجئين! وأسميناهم مهاجرين!

من يعتذر لهم؟ من يعتذر لنا؟ من يفسّر لمن هذا الإرتباكَ العظيم؟ حتى في قرية صغيرة كدير غسّانة، كنا في طفولتنا نسمع مفردات من نوع «مهاجرين» و «لاجئين»! بل إننا ألِفْناها وتعوّدنا على استعمالها! كيف لم نسأل أنفسنا في ذلك الوقت عن معنى تلك المفردات! كيف لم ينهرنا الكبار عن استخدامها؟

* * *

هل استيقظت لديّ مرّة أخرى تلك الرغبة في رصد حصّة الضحيّة من أخطائها، وعدم الإكتفاء برصد الخلل عند الآخرين، الغازي أو المستعمر أو الإمبريالية الخ؟

الكوارث لا تسقط على رؤوس الناس كما تسقط الشهب من السماء على مشهد طبيعيّ خلاّب!

لنا حصّتنا من الأخطاء بالطبع. حصتنا من قِصَر النظر. هل قلت هذا قبل الآن في مكان آخر وزمان آخر؟

أذكر أنني كتبت ذلك أو قلته سابقا. لماذا أستعيده الآن؟ لا أدري. ولكني على يقين من أننا لم نكن دائما مشهداً طبيعياً خلاّباً! رغم أن هذه الحقيقة لا تعفي العدوّ من جريمته الأصلية التي هي أول الشرور ومنتهاها.

لكنني أعلم أن أسهلُ نشاطٍ بشريّ هو التحديقُ في أخطاء الآخرين. إن الذي يفتّش عن أخطائك لن يجد سواها! ولهذا أتساءل مع كل انتكاسة نواجهها عن أخطائنا نحن أيضاً. عن أخطاء أغنيتنا. أتساءل إن كنت قادراً على الإرتقاء بارتباطي بالوطن، بحيث يرقى الى أغنيتي عنه. هل الشاعر يعيش في المكان أم في الوقت؟ وطننا هو شكلُ أوقاتنا فيه. يبدو أنني شخصٌ سيئ الطويّة. لم أصدّق ناظم حكمت إلا قليلاً. لم تكن متاعبي في المنفى أكثرَ مِن متاعب أصدقائي في أوطانِهم. ولا أطيق الحنين بمعناه الذابل.

هل أضيق بفكرة التغنّي بالفكرة؟ هل هذا هو السبب في أنني أتعامل مع القصيدة بصفتها بناءً لا غِناءً؟ حتى الصديقة لا أستطيع أن أخاطبها بالرومانسية الشائعة والمتوقعة، والمرأة التي لا تتخذ الخطوات الأولى نحوي لا أهتم بمصادقتها. وكذلك الحال مع أصدقائي من الرجال أيضا. من السهل عليّ أن أديرَ ظَهري وأغادرَ العلاقةَ اذا رأيت فيها ما يُرهِق. الصديق المرهق كثير المعاتبة، كثير

اللوم، يريد تفسيراً لما لا يُفسّر. يريد أن «يفهم» كل شئ. إذا سامحك على خطأ فهو يُشعرك أنه سامحك على خطأ. على عكس العلاقات الأسرية وعلاقات القربى، نحن نختار الصديق اختياراً. ولذلك فالصداقة المُرْهِقَة، في نظري، هي تَبَرُّعٌ بالحُمق.

كما انني لا أندرجُ بسهولةٍ في أيّ سياقٍ جماعي. لم أقتنع أبداً بالإنضمام الى أيّ حزبٍ سياسيٍ الى اليوم. لم ألتحق بأيّ فصيل من فصائل منظمة التحرير الفلسطينية. وربما كان هذا، لشخصٍ فَقَدَ وطنَه، رذيلةً لا فضيلة.

ليس هذا فقط.

بل انني قاومت عروضاً واضحة ومبطّنة من تلك الأحزاب والفصائل طوال الوقت. ودفعت أثماناً متفاوتة لعزوفي عن كل تلك العروض.

الطريف في الأمر أنهم يقتربون منك لأنهم يرون فيك جدارةً وتميّزاً وأوصافا تسرّهم، ويلمحون أنهم بحاجة إليك وأنهم يريدونك «معهم». تشكرهم على حسن ظنهم بك وعلى كرمهم المتمثل في الإنتباه لشخص ضعيف مثلك. ثم تشرح لهم كيف أنك تفضل التصرف باستقلالية عن التنظيمات والأحزاب. وأنك تحب أن تظل مخلصا لما تظنه طبيعتك. وهنا وبشكل فوري مباغت يبدأون في التعامل معك كعدوّ لهم بالتحديد، أو كشخص لا قيمة له ولا يستأهل الإهتمام على الإطلاق.

لي أصدقاء على الصعيد الفردي من كل الإتجاهات السياسية أدركوا انني لا أعرف فكرة «المبايعة». اومن بحقي في «انتخاب» الأشياء، بدءاً من حق انتخاب كيلو البندورة بنفسي عند بائع الخضار الى انتخاب من يحكمني أو يتحدث باسمي. لا أستطيع إقرار كل ما تقرره «القبيلة».

معيار السلوك عندي ليس الصحيح والخطأ. وليس الحلال

والحرام. بل الجمال والقبح. هناك صحيحٌ قبيحٌ لا أمارِسُهُ ولا أتبعُهُ حتى لو كان لي كلُّ الحقّ في ممارسته واتّباعه. وهناك أخطاءٌ جميلةٌ لا أتورّع عن ارتكابها باندفاعٍ ورِضى. ولكنْ،

دائماً للرّضى ما يَشوبُ الرّضى !
ما الذي قبْلَ أنْ تستقرَّ بِداياتُهُ
إنْقَضى ؟

ما مصدر هذه الغصّة الصغيرة في البال، وأنا هنا في داخل الحلم ذاته؟ انني لم «أعد» بالضبط. عُدْنا للسياسة إذاً.

هل من الممكن إعفاءُ الخاسر والمقهور من السياسة؟ هل يمكن إبعاده عنها؟ كيف يقتنعُ النُقّاد الفرانكوفونيون والأنجلوساكسونيون العَرَب بذلك؟ إن أحداً لم يعرّف لهم الفنَّ جيدا، ولم يُعَرِّف السياسة جيداً. يتحدثون عن السياسة بصفتها «وقائع»!

كأن أحداً لم يشرح لهم الفرق بين «الوقائع» و«الواقع» الذي يشمل كل عواطف البشر ومواقفهم، ويشمل الزمان المثلّث الأضلاع (ماضي اللحظات، حاضرها، مستقبلها). يتحدثون عن السياسة بصفتها قرارات الحكومات والأحزاب والدول. يتحدثون عنها بصفتها نشرة أنباء الساعة الثامنة فقط!

السياسة هي شكل العائلة على مائدة الإفطار. مَن الحاضر حول المائدة ومن الغائب ولماذا غاب. من يشتاق لمن، عندما يسكب القهوة من بكرجها ويوزعها على الفناجين. هل تملك ثمن افطارك مثلاً؟ أين أولادك الذين غابوا الى الأبد عن كراسيهم المعتادة هنا؟ لمن تحنّ في هذا الصباح؟ أيّ إيقاع يلاحقك لتسارع الى مباهج وعَدَتْكَ بها الحياة، أو الى مواجهةٍ تتمنى أن تكسبها

ولو هذه المرّة فقط؟ أين أولادُ هذه الأمّ التي تنسج بنظّارتها المائلةِ قليلاً كنزةً من الصوف الكحليّ، للمسافر الذي لا يكتبُ بانتظام. أين ثرثرتكَ الناعمة وأين عُزلتك الرائعة واستغناؤك عن العالم الخارجي ولو لدقائق. أين وهمك الذي فضحَتْهُ الجريدة الملقاة على كرسيّ الخيزران الخالي على يسارك. أيّ غفرانٍ صغيرٍ تتدرب على مَنْحِهِ اليوم؟ وأي عتابٍ تتمنى مَحْوَهُ؟ من يهدد أخطاءك الرائعة بسَهَرِهِ لإفساد يقظتِكَ وسَهَرِك؟ مَن يُخَرّبُ لك تفاهاتِك اللطيفة بمهابةِ منصبهِ ومَهابَةِ سائِقِهِ ومَهابةِ خَدَمِهِ وحُرّاسِهِ السُّعَداء؟ من استوردَ ملعقةَ الشاي الصغيرةَ اللامعةَ هذهِ من تايوان؟ أيةُ سُفُنٍ عملاقةٍ مَخَرَت البحارَ لتحمل لك نكّاشةَ بابورِ الكاز من ستوكهولم؟ كيف جَمَعَ باعةُ الزهور ملايينَهم وبنوا عماراتِهم الفخمةَ مِن بَيْعِهِم لأطنانِ الباقاتِ التي تحملها الأمّهات والشقيقاتُ الى المقابرِ التي لا تتخلى عن رطوبتها، رذاذا أو زهورا أو دموعا؟ تساؤلك عن السبب في أنّ الصمت، حتى الصمتَ على المَقابرِ يكون مبلولاً. السياسة هي عدد فناجين القهوة على المائدة. انها نسياناتك التي تباغتك بحضورها وذكرياتك التي تخشى التحديق فيها، لكنك تحدق فيها رغم ذلك. البعد عن السياسة أيضا سياسة. أليس كذلك؟

السياسة لا شيء، نعم. السياسة كل شيء، نعم. أقصد في نفس الوقت.

ـ لا. بدون سُكّر يا أبو حازم. القهوة فقط. قد أجوع لاحقاً.

قبل ثلاث سنوات قال لمنيف:

ـالبرندة جاهزة لاستقبالك يا ابو غسان.

كان يحلف بالطلاق انه لن يسمح لمنيف أو لي بالإقامة إلا في بيته اذا حدث واستطعنا زيارة البلاد.

ها هي صورة منيف بإطارها الأسود معلقة في البرندة.

أفكّر في غسان وغادة وغدير، أولاد منيف الذين ما زالوا في الغربة، غربة غيابه عنهم، وغربة غيابهم عن هنا.

هل يتقبّلون انتباهي لهم بعده؟

هل هناك مكان في حياتهم لعمٍّ يكتب الأشعار؟

هل يعرفونني جيداً يا ترى؟ سيقترحون هم «المكان» الذي يفضّلون أن نشغله أنا ومجيد وعلاء وأمي في حياتهم. علّمتني الحياة أنّ علينا أن نُحِبَّ الناس بالطريقة التي يُحِبّون أن نُحِبَّهُمْ بها.

قلت لهم منذ استطعت قول أي شيء بعد غياب أبيهم:

- اعتبروني قاموساً في بيتكم تتناولونه إذا احتجتم. ولن أثقل عليكم إلا بمقدار ما يُثقِل القاموس على مالكه، وهو على رف مكتبته.

* * *

سألتُ فدوى عن موعد ذهابها لعملها قالت إنها في اجازة لمدة أسبوع. ادركتُ أنها فَعَلَتْ ذلك لأجلي وتأثرت من هذه اللمسة الأنيقة والكريمة. لقد قررت التفرغ للإنتباه الى وجودي في بيتها كانت تلك طريقتها الصامتة للإحتفاء بي.

حاولتُ أن أقنعها بالعودة إلى العمل فوعدَتْ، ولكن «بعد كام يوم». وسارعت بتغيير الموضوع.

- ام خليل فرحت لوصولك وستأتي للسلام الليلة أو غدا.

قلت لها مداعباً:

- هل تدير ام خليل جمعيتكم أحسن من إدارة «ابو عمار» للمنظمة؟

قالت مبتسمة:

- على سلامتها الخالة ام خليل.

- كيف بتجيب الجرايد يا «أبو حازم»؟ بدنا نشوف «جرايدنا».

- يعني. مرات فيها شَغلات. الواحد لازم يشوفها.

دخل حسام ومعه كعك بالسمسم ومناقيش الزعتر.

- مريد مش راضي يفطر. غلّبني. أقنعه.

حسام سيأخذني الى «وزارة الداخلية» الفلسطينية من أجل تقديم طلب الهوية. وكذلك التصريح لدخول تميم.

بعد قليل دخل أنيس ومعه لفائف فيها إفطار ثالث! حُمُص وفول مدمّس وكعك بالسمسم أيضا.

- تشرب الشاي في فنجان أو كاسة يا أبو الأَنَس؟

قالها أبو حازم موجها الكلام الى أنيس وهو يحاول عبثاً كتم ضحكته ولكنه ينظر اليّ بخبثٍ من يهدد بكشف سر منسيّ. انفجرتْ ضحكتي. تبعَتْها ضحكته وضحكة فدوى، مما زاد من استغراب حسام وأنيس فليس في سؤاله ما يُضحِك. لم يشرح أيّ منا لهما تلك الواقعة الطريفة المختبئة وراء الضحكة.

فقد حدث وأنا في الصف الثالث االإعدادي أن نظّمتْ مدرسةُ رام الله الثانوية مسابقة أدبية وفزت بالجائزة الأولى للشعر. رافقني أبو حازم الى قاعة الحفلات في المدرسة الهاشمية حيث تم توزيع الجوائز على الفائزين والمتفوقين في شتى المجالات العلمية والأدبية والرياضية الخ.

كان كل فائز يصعد الى المسرح ويصافح المدير ويستلم جائزته التي كانت قلم باركر مثلا أو حقيبة جلدية صغيرة أو بضعة كتب أدبية أو ساعة يد وما إلى ذلك.

نودي على اسمي، صعدت ، صافحت المدير. لكنه بدلاً من تسليمي جائزتي أشار الى صندوق كرتوني ضخم على أرضيّة المسرح واتجهتُ اليه، فإذا بـ «أبو حازم» ينبثق فجأة من القاعة

ويصعد الى المسرح لمساعدتي في حَمْلِ هذه الداهية غير المتوقَّعة.

كان المطر في الخارج ينهمر بقوة ؛ وأبو حازم، فخوراً ومُشْفِقاً، يصرّ على أن يقوم هو بحمل الصندوق طوال الطريق إلى بيتنا في عمارة اللفتاوي.

وصَلْنا الى البيت والماءُ ينقّط من ملابسنا وشَرَعْنا نتكهّن بما يمكن أن يحتويه الصندوقُ العجيب.

كان طاقما للشاي مكونا من ثمانٍ وأربعين قطعة من الصيني الفاخر بفناجينه وأباريقه وأطباقه الخ. وعليه نقوش يدوية رقيقة.

بعدها زارنا أبو حازم أكثر من مرة، فنحن نعيش في نفس العمارة، عمارة اللفتاوي، وأهلي يقدمون له الشاي في الكاسات الزجاجية المعتادة في كل مرة. الى أن تصادف وجوده عندنا مع زيارة تقوم بها سيدةٌ من قريباتنا وتصطحب معها ابنتيها الشابّتين (في سن الزواج طبعا!)

فجأة، ظَهَرَ الطاقم الفخم. ودارت فناجين الشاي في الصالون. هنا رفض أبو حازم وقال

ـ احنا يا عمّي خلّينا على قدّ الكاسات!

ومضت الدعابة الى أقصاها:

ـ والله عال! أنتعه على كتفي والدنيا كَبّ من عند الرَّب، وما يطلعش من الخزانة الا كرمال اللي بيستاهلوه! احنا إلنا ألله!

ومن ذلك اليوم أصبح كافيا ان يُقدَّم الشاي في فناجين الجائزة حتى نعرف مكانة الضيف عند أمي!

ومع التبعثر الجغرافي المتكرر إثر الحرب، لم تستطع الوالدة الإحتفاظ بطقم الشاي التاريخي.

* * *

استأذنّا من «أبو حازم» وغادرنا أنيس وحسام وأنا الى وزارة الداخلية الفلسطينية لنقدم طلب هوية لم الشمل التي تمنحني حق المواطنة والتي تأخر حصولي عليها ثلاثين سنة!

أكمل أنيس طريقه بسيارته الى عمله في وزارة التخطيط والتعاون الدولي في «الرّام»، بين رام الله والقدس، وتركني بصحبة حسام، دليلي إلى كل الأماكن في رام الله.

دخلْنا على الشخصِ المسؤول. ولم أصدق عينيّ.

إنه «أبو ساجي». الدمث الرائق. الصديق الطيب منذ أيام بيروت. بشوش الوجه، ، كريم وخَدوم وجدع. تعانقنا كتائهين التقيا بعد يأس، واكتشفا أنهما ما زالا بخير.

ـ سأقتنع أنهم يُحْسِنون عَمَلَهُمْ ما داموا اختاروكَ أنت للتعامل مع الناس يا «أبو ساجي».

قلت له صادقاً.

قَدَّمْت له الأوراقَ المطلوبة.

شهادة ميلاد تميم ضرورية للحصول على تصريح له بالدخول الى فلسطين. الشهادة ليست بحوزتي. يجب أن أطلب من رضوى أن تبعثها.

يوم أو يومان ويكون كل شيء جاهزاً.

غادرْنا «المركز». وما أدراك ما المركز!

هنا كانت تقف أمي طالما الشمس واقفة في سماء النهار، لتستخرج أية ورقةٍ من الحاكم العسكري الإسرائيلي. تستخرج تصريحاً جديداً في كل مرة لترى أبناءها في الدوحة او القاهرة أو بيروت او باريس او بودابست أو أخاها في الكويت أوتلتقي بالجميع في فندق بعمّان اذا تَمَكَّنَ الجميع مِن دخولها.

هنا قدَّمَتْ لنا طلبات لمّ الشمْل، وطلبات الإذن بالزيارة التي

كانت تُرْفَضُ في كل مرّة. هنا موضع المرمرة والشقاء اليومي لآلاف البشر من الفلسطينيين طوال سنوات احتلال رام الله. مازالت مشاكلهم عالقة ومتشعبة وصعبة الحلّ، لكنهم، الآن، يجدون ابتسامةً تستقبلهم في المكان الذي شهد محاولات إذلالهم منذ 1967 . لم تكن الحياةُ نَعيماً قبْل الإحتلال الإسرائيلي.

ـ كنا نتدبر أمورنا على طريقتنا

يقول لك الجميع. ويضيف الواحد منهم:

ـ لكنّ الإحتلال. . . !

ويسكت.

الإحتلال يمنعك من تَدَبُّرِ أمورك على طريقتك. إنه يتدخّل في الحياة كلّها وفي الموت كلّه. يتدخّل في السهر والشوق والغضب والشهوة والمشي في الطرقات. يتدخّل في الذهاب الى الأماكن ويتدخل في العودة منها. سواء كانت سوق الخضار المجاور أو مستشفى الطوارئ أو شاطئ البحر أو غرفة النوم أو عاصمة نائية.

أهمّ متعةٍ حدَّثَني عنها كلّ من التقيتهم هنا هي متعتهم «الجديدة» في البقاء خارج منازلهم الى وقتٍ متأخرٍ من الليل، والسَّهَر المبالَغ فيه مع الأقارب والأصدقاء.

لكنّ الأمورَ هُنا مؤقتة. الشعور بالأمان مؤقت.

إسرائيل تُغلق أية منطقة تريدها في أي وقت تشاء. تمنع الدخول والخروج لأيام أو لشهور حتى تزول الأسباب. وهناك دائماً «أسباب». تنصب الحواجز على الطرقات بين المدن. كلمة «المحسوم» سمعتُها هنا أول مرة. المحسوم هو الحاجز بالعبرية. الشعور الوليد بالحرية مؤقت. النقاشات ما تزال مستمرة (وستظل الى بعض الوقت كذلك) في موضوع العائد والمقيم.

نظام العلاقة بين السلطة الجديدة والشعب ما يزال نظاماً شفوياً

في كثير من الوجوه. والى أن توضع كل القوانين لكل المواقف الحياتية في السياسة والاقتصاد والاجتماع وحقوق الإنسان وحقوق الفرد، سيظل جدل العائد والمقيم مستمراً. هذا ما قاله لي أساتذة جامعة بير زيت.

أردت أن يكون لقائي الأول هنا معهم بالذات. أن أقدّم احترامي لهم، ومن خلالهم، إلى هذه الجامعة التي إذ عاقبها الإحتلال بكل السبل المتصورة، عاقَبَتْهُ بكلّ السبل المتاحة. ولم تنكسر. ذهبتُ لأصغي لا لأتحدث. لأتعلّم، وأتذكّر، وأقدّم تحيتي. لقد زرت هذه الجامعة قبل أن أزور مسقط رأسي، دير غسانة. كنت ألتقي ببعض طلابها وأساتذتها في الغربة لقاءات مصادفة، ولم تتح لي الأيام أن أنقل مدى فرحتي بوجودهم وبمؤلفاتهم وبحوثهم ومفهومهم الإيجابي للعمل المتواصل في الظرف القاسي وتحت الضغط.

كانت ثقافة تانيا ناصر وعزيمة حنا ناصر تلفت انتباهي وتشعرني بحبٍ لهما وقربٍ منهما ولم أعبّر لهما عن ذلك أبداً. كنت ألتقيهما في فترة إغلاق الجامعة المتكرر على يد سلطات الإحتلال. أوفي إجازاتهما أو زياراتهما الى عمّان.

أعرف بعض متاعب الجامعة ومشاكلها المادّية ورغم ذلك أسمع عن أنها بالقليل المتاح من أشكال العون والتبرعات تضيف صروحاً وقاعات وأبنية جديدة وتقوم بتحديث ذاتها.

على هذه التلال الجميلة الآن أبصر بعينيّ مدرسة بير زيت القديمة وقد أصبحت من الجامعات التى لها مكانتها العلمية المعترف بها.

كان موضوع العائد والمقيم، وملابساته المفهومة أحيانا وغير المفهومة أحيانا أخرى، هو الموضوع الذي استغرق وقتاً أطول في جلسة التعارف مع أساتذة الجامعة. لا بد من مراعاة حساسياتِ

كثيرة لتجاوز الأخطاء في هذا المجال.

(في احدى الوزارات رأيت معظم المدراء القادمين من الأيام التونسية أو البيروتية وعندما دخل الساعي بفناجين الشاي والقهوة قدمه أحدهم لى بالقول إنه «من أُسُودِ الإنتفاضة الذين دوّخوا الإحتلال!»).

في جولتي في الجامعة لمشاهدة حَرَمِها وكلّياتِها ومبانيها الحجرية البيضاء ومُدَرّجاتِها وجدتُني أقف على مدخل كلية العلوم.

على المدخل لوحةٌ نحاسيةٌ حُفِرَتْ عليها أسماءُ المتبرّعين بتكاليف إنشاء قاعات الدراسة من رجال الأعمال الفلسطينيين في الشتات وبعض رجال الأعمال العرب من دول الخليج . هنا رأيت أسماء عديدة أعرف بعضها وأجهل أكثرها.

بين هذه الأسماء رأيت اسمه.

كم منهم سيستطيع الوصول الى هنا ويرى اسمه محفوراً على مربّعات النحاس المتجاورة على هذه اللوحة الكبيرة؟ وكم منهم لن يراه أبداً، كمنيف؟

* * *

قبل ثلاث سنوات، في بيتنا في عمّان، كان وجهُها الطفوليّ البادي من تحت غطاء رأسها، واجماً. وعيناها مشتتة النظر.

سلّمَتْ على والدتي، عانقتها باكيةً، ثم جلستْ في حلقة العزاء صامتةً صمت الغريب عن كل الموجودين.

سألَتْها إحدى قريباتنا الجالسة في المقعد المجاور:

ـ ومن وين عرفتِ المرحوم يا بنتي؟

ـ أنا ما باعرفه. عمري ما شفته. كنت باعرف اسمه بس. كان يرسل للجامعة مصاريف تعليمي. صرت في السنة الرابعة. السنة تخرّجي. قرأت نعيه في الجريدة اليوم الصبح. عرفت العنوان من الجريدة.

وتكررت الواقعة مع طلاب آخرين بعد ذلك.

* * *

تجولت في شوارع رام الله يوميا تقريباً. أردت استعادة تلك الإيقاعات والصور العتيقة للمكان.

أليس طريفا وغريباً أننا عندما نصل الى مكان جديد يعيش لحظته الجديدة نروح نبحث عن عتيقنا فيه؟ هل للغرباء جديد؟ أم أنهم يدورون في دنياهم بسلالٍ ملأوها ببقع الماضي، البقع تتساقط لكنّ اليد لا تسقط سلّتها.

تساءلت إن كان المارة في الشوارع يرونني غريباً. هل تلاحظ أعينهم المستعجلة سلّةً في يدي؟

كل صديق سمع بوصولي وجاء للسلام اصطحبني الى هذا الجزء أو ذاك من المدينة. كنت أتحدث وكنت أسمع وكنت أسأل. اختلطت في ذهني الوقائع والمشاوير والعبارات وقائليها وترتيب حدوثها. كان الإيقاع محموماً كأنني أريد أن أستعيد رام الله بأكملها دفعة واحدة، إلى حواسّي الخمس.

الآن في لحظة الكتابة عن تلك الأيام أتذكّر ما أتذكّر من كل ذلك بلا ترتيب. الترتيب ليس مهماً.

أتهيأ ليوم دير غسّانة.

أتهيأ للعودة الى بيتنا الأول فيها.

أتهيأ لرؤية «دار رعد»

* * *

3

دير غسّانة

لكل بيت في دير غسّانة اسم.

لم يقل لنا أحدٌ من أين جاء اسم دارنا. يبدو أن «رعد» كان أحد أجدادنا الأوائل، لأن البيوت الأخرى في القرية منسوبة لأشخاص. فأنت تجد دار صالح ودار الأطرش ودار عبد العزيز ودار السيّد الخ. ولا أظن أن تسمية دارنا بـ «دار رعد» كانت استثناء. كما لم يقولوا لنا بحسم من أين اكتسبتْ عائلتنا التي يعدّونها من حيث حجمها أكبر عائلة ريفية في فلسطين إسم «البرغوثي».

المعتزّون بالعائلة كانوا يقولون لنا إنه مأخوذ من البِرّ والغَوْث. والمعتزون بالجاه والمِلْكيّة قالوا ان جدّنا الأول كان اسمه غوث، والأراضي الشاسعة التي امتلكها هو وأبناؤه أصبحت تسمى: برّ غوث.

وآل البرغوثي يقيمون في سبع قرى جبلية متجاورة تسمى «قرى بني زيد» ومركزها جميعاً «دير غسّانة».

التفسير المعقول يبدو لي الآن أبسطَ من كل ذلك وأقل رومانسية طبعاً وهو بلا شك لن يرضي «وجهاء» العائلة كما انه لن

يُقنعهم: إنه نسبة الى البرغوث.. شخصيا! وتسمية العائلات بأسماء الحيوانات والطيور والحشرات معروف من قديم الأزمان في كل الحضارات: الفار والقط والجمل والديب والفيل والأسد والنمر الخ.

في أوائل العام 1977 كان الشاعر الراحل أبو سلمى في ضيافتنا على العشاء في منزلنا في القاهرة. كانت رضوى حاملاً. وأخذ يحدثنا عن تجربة استقبال المولود الأول في الأسرة وكم هي مدهشة وفريدة. ثم سألني عن الإسم الذي سنختاره للمولود. كنت أريد ان أذكر له بالفعل الأسماء التي خطرت ببالنا رضوى وأنا، لكني قلت له بتحبّب صادق:

ـ شوف يا خال، اقترح لنا أي اسم رقيق وأنيق ولطيف على ذوقك انت. اسم مؤنث واسم مذكر. وأعدك بأن يكون الإسم هو ما تختاره...

أطْرَقَ يفكّر بإخلاصٍ وعنايةٍ وأطال التفكير. ثم استدار نحوي وفي عينيه شقاوةُ المُقْبِلِ على إدهاشِ محدّثهِ وقال:

ـ ومن أين سآتيك باسم رقيق وأنيق ولطيف يا سيّد مريد إذا كنت ستضع بعده كلمة «البرغوثي»!!!

لكنّ حظوظي مع هذا الاسم اختلفتْ من بلدٍ الى بلد. ولم تكن دائما سلبية. عندما عملتُ في اتحاد الشباب العالمي في بودابست، وطبيعة العمل فيه تقتضي كثرة السفر والتنقل بين القارات، كنت أشعر بالسرور عندما تداعبني الصديقات والأصدقاء من الناطقين بالإسبانية والإيطالية بتسميتي «إلبرجوتيتو».

كنت أقول لنفسي أين أنت يا خال أبو سلمى حتى ترى الإسم الذي لم يعجبك! بل انني حدثت بعضهن بقصة الاسم معه. ولكن بعد اطمئناني لارتياحهن وعدم نفورهن منه، كما يفعل أبناء الضاد الذين يعرفون قواعد الاشتقاق في لغتهم!

في هافانا حيث عقدنا مؤتمرا للاتحاد ذات صيف اصطحبتني «ليلّلا» وهي صديقة هنغارية تتقن خمس لغات من بينها الإسبانية وعاشت طفولتها في هافانا الى مقهى البوديغيتو وهو مقهى شعبي صغير في وسط المدينة يقدم مشروبا اسمه الموهيتو.

ـ وما هو الموهيتو يا ليلّلا؟

ـ انه شراب همنغواي المفضل الذي كان يأتي لتناوله هنا.

ـ وما هو ذلك الكرسي المعلق من السقف فوق رؤوسنا؟

فوجئت بها تقف وتصلح ياقة قميصها الأحمر وتقول كأنها تؤدي دورا على المسرح:

ـ إنه الكرسي الذي اعتاد همنغواي الجلوس عليه عندما يأتي الى البوديغيتو ليشرب الموهيتو ثم يجئ البرجوتيتو الذي تدعوه سوكا ليلّلا الى أمسية لطيفة، فيصدّعها بأسئلته عن كل ذلك!

ـ برافو!

قلت وأنا أصفّق لها كما تتطلب اللعبة ثم أضفت:

ـ أليس اسم «البرغوثي» اسماً جميلاً في نهاية المطاف؟

قالت:

ـ لا تفرح كثيرا سألت سليم التميمي عن معناه فقال لي إنه ليس أفضل كثيراً من موسكيتو مثلا. (أي بعوضة).

كان آل البرغوثي لا يسمحون بزواج بناتهم من غير أبناء العائلة، مما أدى الى تزايد عددهم مع مرور الزمن. فقط في عام 1963 سمح عميد العائلة عمر الصالح البرغوثي لأحد افراد العائلة بالموافقة على زواج ابنته من عريس تقدم لها ولم يكن برغوثيا. أما شبان العائلة فكان يُفَضَّل ان يتزوجوا من بناتها أساساً، لكن زواجهم من بنات العائلات الأخرى كان مسموحاً به طوال الوقت.

وقد تجد برغوثياً معتزاً أشد الاعتزاز بنسبه هذا وينوّه بفصاحة

لسان العائلة وسرعة البديهة وخفة الظل عند غالبية افرادها. وقد تجد سواه، مثل «ابو رشاد»، الذي يستمتع متعة شديدة في التندر على تصرفّ البراغثة كمُلاّك أراض وعدم اهتمامهم بالوظائف أو الأعمال التي يباشرونها بأنفسهم. يقول لك إنهم خُلقوا لطقّ الحَنَكْ. والبعض منهم كان يمتلك قرى باكملها، وأرضاً يرمح فيها الخيّال، لكنه لم يفكّر مثلا في شراء سيارة! وأن الثروة لم تغيّر اسلوب حياته باتجاه يتمشّى مع العصر. وتجد برغوثيا ثالثا يتندر على الطرفين وهكذا.

توجهنا الى «دار رعد» في الموعد المناسب.

و«دار رعد»، بيت كبير ذو الفناء مربّع واسع، تتكون أضلاعه الثلاثة من غرف متجاورة. وضلعه الرابع جزء من حائط الجامع المقام في ساحة القرية. إذا كنتَ واقفا في مكان أعلى من دار رعد رأيتَ عدداً من القباب الاسمنتية بعدد الغرف المتجاورة المحيطة بالفناء المربّع.

سيدة الدار وسيدة الفناء كانت شجرة التين الخضاري الهائلة الجذع المترامية الأفرع. تلك التينة أطعمت أجدادنا وآباءنا ولا يوجد شخص واحد في القرية لم يتلذذ من ثمارها التي لا مثيل لمذاقها العجيب.

بوابة «دار رعد» تطل على البيادر االشاسعة وحقول الزيتون التي تنحدر بالتدريج وتزداد مسالكها وعورة وتشعباً حتى تكوّن الوادي الخصيب الذي ترويه «عين الدير». وعين الدير هي نبع الماء ونبع الحكايات ونبع الرزق للقرية كلها.

بصحبة ابوحازم وأنيس وحسام وابو يعقوب ووسيم، وصلت الى دير غسانة ظهراً وقفت بنا السيارات امام البوابة.

تجاوزت العتبة.

عانقت امراة عمي ام طلال. وعبر كتفها الأيمن رأيت التينة

واضحةً في ذاكرتي، وغائبةً عن مكانها.

ـ مَن قَطَعَ التينةَ يا امرأة عمّي؟

بدلاً من التينة رأيتُ مصطبةً من الاسمنت!

التينة مقطوعة من نقطة التقاء جذعها المهيب بسطح الأرض. في موضعها المحفور في ذاكرتي رأيت الفراغ يشغل الفراغ.

سلَّمتُ على جاراتها اللواتي لم أستطع التعرف على أيٍّ منهن. قادتني الى اليمين حيث الغرفة التى كانت لنا في دار رعد. اكتَمَلَ العِقاب.

* * *

هل دارُ رعدٍ لا تريد قصتي عن دارِ رغْد ؟
هل نحن في الوداعِ واللقاءِ نحنْ ؟
هل أنتِ أنتِ؟ هل أنا أنا ؟
هل يَرجعُ الغريبُ حيثُ كان ؟
وهل يعودُ نفسُهُ إلى المكان ؟
يا دارَنا
ومَن يلمُّ عن جبينِ الآخَرِ التعَبْ ؟

* * *

هنا ولدتني أمّي.

هنا في هذه الغرفة وُلِدْتُ، قبل مولد دولة إسرائيل بأربع سنوات.

الغرفة بيضاء واسعة. سقفها العالي مرفوعٌ على أعمدةٍ تصعد من الأركان الأربعة، لتلتقي أطرافُها العليا في منتصف القُبّة الدائرية التي تشكّل عَقْدةَ السقف الشبيه بسقوف المساجد والكنائس العتيقة. هنا عشنا أوائل أعمارنا. ستي ام عطا وأبي وأمي ومنيف

ومريد ومجيد وعلاء.

من فتح ذاك الباب الإضافيّ الواطئ في جدارها؟ إنه باب يُفضي الى غرفة عمي ابراهيم بعد ضم الغرفتين ليصبحا معاً دار أرملته ام طلال. لم يعد من العائلات الخمس من يقيم هنا سواها.

زرَعَت الفِناءَ كله بالأشجار: بوملي، تفاح عسيلي، مندلينا، مشمش، برقوق وبعض الخضروات خس بقدونس بصل ثوم نعنع. سيعود أهل البلد يقولوا عنا «دار الثور» يا امرأة عمّي. (وهذا هو لقبنا، أهل دار رعد، بالفعل ولا يعرف أحد القصة التي وراءه. وعندما كنا نسمع أحدهم يقول انتم «دار الثور» كان أهلنا يقولون إنهم مسحوا النقطتين وصرنا «دار النُور». لكن اللقب ما زال يلاحقنا إلى الآن!)

ـ كبرتْ وهيّشتْ. هاجر اللي هاجر ومات اللي مات. لمين اطعم تينها يا ولدي؟ لا من يقطف ولا من ياكل. التين يظل عليها حتى ينشف ويوسّخ الحوش كلّه. غَلَّبَتْني. قطعتها وارتحتْ.

امرأة عمي أم طلال هي كل سكان دار رعد الآن.

وَحْدَها.

وفي ساعات العصر يلتقي عندها في هذا الحوش المربع تسع وأربعون أرملة هم من تبقى من بنات جيلها في دير غسانة.

الأزواج والأبناء والبنات توزعوا بين القبور والمعتقلات والمهن والأحزاب وفصائل المقاومة وسجلات الشهداء والجامعات ومواطن الأرزاق في البلدان القريبة والبعيدة. من كاليغاري الى عمان، ومن سان باولو الى جدة، ومن القاهرة الى سان فرانسيسكو، ومن ألاسكا الى سيبيريا.

البعض لا يكاد يفارق سجادة الصلاة والبعض لا يكاد يفارق زجاجة الويسكي، البعض يتعلم أو يعلّم في جامعات العالم، والبعض ذهب مع الفدائيين ولم يعد أبداً.

منهم من أخذته المِهَن، من طبٍ وهندسة وطيران وتجارة ومقاولات، ومنهم من يعمل في دول الخليج، والبعض في الأمم المتحدة. والبعض يتعيش على الصدقات والإحسان أو ربما التسول أو النصب والإحتيال.

الزيت والزيتون هو مصدر دخل الجميع هنا. القادر منهم ما زال يعمل في الحقول. إنهم يعملون رجالاً ونساءً كما كانوا طوال سنوات الماضي. لكن عمل الأبناء أو الأحفاد أو الأزواج في دول الخليج هو المصدر الأهم للدخل.

الغائبون في المغتربات الكثيرة يحوّلون النقود الى القرية مع المسافرين أصحاب الهويّات أو تصاريح لمّ الشمل الذين يستطيعون الدخول والخروج أو عن طريق البنوك في رام الله أو عمّان.

إثر طرد آلاف العاملين الفلسطينيين من الكويت بعد حرب الخليج، تأثر الوضع الإقتصادي للعديد من الأسر في القرية.

ريّان ابن حمد الذي كان يملك مكتبة صغيرة في الكويت أسماها «مكتبة الربيع» عاد الى دير غسانة ليعمل في تربية الأغنام. البعض الآخر عاد ليبني بيتاً في أرض يملكها واستقر هنا معتمداً على مدخرات العمل في الغربة، والتي تنقص ولا تزيد.

كان أهالي القرية العاملون في الكويت في القطاعين الحكومي والخاص قد أنشأوا «صندوق دير غسانة» وقدّموا من خلاله مساعدات مالية للأكثر احتياجاً. لكن الصندوق توقف الآن بعد رحيل الجميع.

فاطمة بنت أبو سيف، وهي سيدة ذات عزم، قررت وهي في السبعين من عمرها إعادة تشغيل بابور الزيت المتوقف منذ سنوات طويلة ليعود الأهالي الى عصر زيتونهم فيه.

أبو حازم قدم غرفته في الجزء العلوي من «دار صالح» إلى حسام لتحويلها الى مركز لتعليم الكمبيوتر. اشترى حسام ثلاثة من

أجهزة الكمبيوتر المستعملة وأحضر خبيراً لتعليم الشباب والصبايا في دير غسانة وقال لي إنه سيخرّج الدفعة الأولى بعد أسبوعين ويستعد لاستقبال الطلاب الجدد في الدورة الثانية.

الأهالي ممنوعون من التعمير والعمل في محيط القرية والمناطق التي تعتبرها إسرائيل جزءاً من ترتيباتها الأمنيّة.

بعد الـ67 كان اكتشافي أن عليّ أن أشتري زيت الزيتون أمراً مؤلماً حقاً.

كنا نفتح أعيننا على الحياة، والزيت والزيتون موجودان في بيوتنا. لا أحد من أهل القرية يشتري زيتاً أو زيتوناً للأكل اليوميّ. القرية تبيعهما لرام الله أو عمّان أو الخليج الخ. لكن أهلها يجلبونهما من الحقول والمعصرة الى الجِرار والبراميل المنزلية التي لا تنفد محتوياتها إلا بحلول الموسم التالي.

زيت الزيتون بالنسبة للفلسطيني هو هدية المسافر. اطمئنان العروس. مكافأة الخريف. ثروة العائلة عبر القرون. زهو الفلاّحات في مساء السنة. وغرور الجِرار.

في القاهرة كنت لا أُدخِل زيت الزيتون الى بيتي لأنني كنت أرفض أن أشتريه بالكيلو. نحن نزن الزيت بالجرّة!

كان منظره في زجاجات صغيرة خضراء كزجاجات الكوكا كولا، يثير السخرية.

عندما طالت الغربة واستحالت العودة الى دير غسانة، مارست الذلّ الأول البسيط والخطير عندما مددت يديّ الى جيبي واشتريت من البقّال أول كيلو من زيت الزيتون.

كأنني واجهت نفسي، ساعتئذٍ، بحقيقة أن دير غسّانة أصبحت بعيدة.

أما التين فقد اختفى من حياتي طوال سنوات الشتات إلى أن

رأيته عند بائعي الفواكه في أثينا، كنت أغادر فندقي في الصباح الباكر لأشتريه من محل قريب وجعلته إفطاري اليومي. لم أتناول إفطاراً واحداً في الفندق.

ذات صيف في فينّا رأيتهم يبيعون التين بالحبّة. اشتريت الحبة الواحدة بما يقارب الدولار. ساعتها قلت لرضوى ولتميم انني ارتكبت جريمة بحق تينة دار رعد الخضارية، ولو عرفت ستي ام عطا انني دفعت هذا المبلغ في حبة تين واحدة لأرسلتني الى بيت لحم!

قالت رضوى:

ـ اشمعنى بيت لحم يعني؟

ـ لأن فيها مستشفى المجانين!

* * *

كان الواجب الأول في دير غسانة هو تقديم العزاء لأم عدلي.

عدلي طالب في مدرسة دير غسانة. في ذلك الوقت كانت الإنتفاضة في أوجها. جنود إسرائيل يهاجمون المدرسة لفضّ المظاهرة.

عدلي يهجم فاتحاً ذراعيه على امتدادهما ليغلق بوّابة المدرسة الخارجية في وجه الجنود. . . طلقة في الصدر. طلقة في الرأس. الدم على حديد البوابة وعلى العشب وعلى قمصان زملائه الذين حملوه الى أمه. لتبقى منذ تلك اللحظة والى الأبد وحيدةً تماما في هذا الكون.

كانت منذ سنوات قد فقدت الأم والأب والزوج. وعاشت لعدلي ابنها الوحيد. وعدلي استشهد على البوابة.

في أكبر دار في دير غسانة، الدار الملاصقة لدار رعد، الدار المبنية منذ أربعة قرون، في «دار صالح» كلها لا يقيم مع أم عدلي

أي مخلوق آخر. كلهم ذهبوا.

وَخذَها.

بوجهها الذي يحمل آثار جرح أو حرق قديم، بثوبها الفلاحي ويديها المتينتين وعينيها الخضراوين وجلستها المؤبدة في «قاع» الدار العظيمة الإتساع. تنظر حولك فترى العشب هائشا على درجها الذائب إذ يصعد ناقصاً الى العلّية، وعلى أقواسها، و على جدرانها، حتى الجدران الداخلية ذات اللون الدهريّ الفاحم.

قدَّمَتْ لي الشاي والترحيب والعناق الأمومي؛ ووميضاً مغلوباً في نظرات العينين. تحدثَتْ هي عن منيف وتحدثتُ أنا عن عدلي، ولم نُطِل الحديث. أطَلْنا الصمت. لأن الصمت كان في مقدورنا نحن الاثنين.

نظرتُ الى عِلّيَة والدِها العم أبو حسين. لم يكن في القرية كلها من هو أكثر نُحولاً منه. كان وهو الأمّي، أبرعَ وأسرعَ من يُجري العمليات الحسابية لنفسِهِ وللآخرين. كان محاسب القرية رغم أنه لم يكن محاسِباً، وكان لحّام القرية رغم أنه لم يكن لحّاماً. في النهاية لا بد لأحدٍ في القرية أن يكون موهوباً في الحساب، ولا بد لأحد من أن يبيع اللحم للأهالي.

كان يسأل كل الرجال في المضافة عن حاجتهم المتوقعة من خروف ينوي ذبحه في اليوم التالي. هذا يريد الزند وآخر يريد بيت الكلاوي أو الفخذ وآخر يريد كيلوغراما أو كيلوغرامين. يطمئن الى بيع كل جزء من ذبيحته ويحفظ الأوزان التي «حجزها» أصحابُها عن ظهر قلب. عندئذ فقط، يذبح الذبيحة. ويخرج بها الى الساحة ليوزعها ويقبض ثمنها كاملاً وإذا كان الزبون من المقرّبين فمن الممكن تسجيل اسمه، بشكلٍ مؤقّتٍ في قائمة المدينين.

ولدت له الخالة ام حسين أربعة عشر ولداً وبنتاً. بقي منهم

أربع بنات. إحداهن هي حكميّة، ام عدلي. أما هو فيبدو أنه توفي أثناء اقامتي الطويلة في بودابست ولم أسمع بالنبأ إلا بعد سنوات.

غادرنا «دار صالح» وذهبنا الى «دار داود» للتعزية في لؤيّ.

لؤي تلقّى رصاصهم في مدخل القرية. كنا قرأنا له الفاتحة عندما مررنا بجوار الشاهدة الاسمنتية المقامة في موضع دمه. رشق حجراً. رشقوه بالرصاص. تركوه لعويل القرية كلها وذهبوا. لم يبلغ لؤيّ ولا بلغ عدلي الثامنة عشرة على الإطلاق.

* * *

حان الآن موعد اللقاء في ساحة دير غسّانة.

يتوقعون مني قراءات شعرية لأهل البلد الذين سيفتتحون اليوم أول مركز ثقافي في تاريخ ديرغسانة، بمبادرة من أنيس وحسام العائدَيْن حديثاً الى فلسطين من أمريكا ومن عمان. ودعوا له أهالى قرى بني زيد المجاورة.

الطريق إلى دير غسانة نسيت ملامحه تماما.

لم أعد أتذكر أسماء القرى على جانبيّ الكيلومترات السبعة والعشرين التي تفصلها عن رام الله. الخجل وحده علّمني الكذب. كلما سألني حسام عن بيت او علامة او طريق او واقعة سارعت بالقول إنني «أعرف». أنا في الحقيقة لم أكن أعرف. لم أعد أعرف.

كيف غنّيت لبلادي وأنا لا أعرفها؟ هل أستحقّ الشكر أم اللوم على أغانيّ؟ هل كنت أكذب قليلا؟ كثيراً؟ على نفسي؟ على الآخرين؟

أي حُب ونحن لا نعرف المحبوب؟ ثم لماذا لم نستطع الحفاظ على الأغنية؟ الأنّ تراب الواقع أقوى من سراب النشيد؟ أم لأنّ الأسطورة هبطت من قممها الى هذا الزقاق الواقعي؟

نجحتْ إسرائيل في نزع القداسة عن قضية فلسطين، لتتحول، كما هي الآن، إلى مجرد «إجراءات» و«جداول زمنية» لا يحترمها عادة إلا الطرف الأضعف في الصراع.

ولكن هل بقي للغريب عن مكانه إلا هذا النوع من الحب الغيابيّ؟ هل بقي له الا التشبث بالأغنية مهما بدا تشبثه مضحكاً أو مكلّفا؟

وماذا تفعل أجيالٌ كاملةٌ وُلدتْ في الغربة أصلاً، ولا تعرف حتى القليل الذي عرفه جيلي من فلسطين؟

خَلَصْ. انتهى الأمر. الاحتلال الطويل الذي خلق أجيالاً إسرائيلية ولدت في إسرائيل ولا تعرف لها «وطناً» سواها، خلق في الوقت نفسه أجيالاً من «الفلسطينيين الغرباء عن فلسطين» ولدتْ في المنفى ولا تعرف من وطنها إلا قصّته وأخباره. أجيالاً بوسعها أن تعرف كل زُقاقٍ من أزقة المنافي البعيدة وتجهل بلادها. أجيالاً لم تزرع ولم تصنع، ولم ترتكب أخطاءها الآدميّةَ البسيطةَ، في بلادها. أجيالاً لم ترَ جدّاتِنا يجلسْنَ القرفصاء أمام الطوابين ليقدمن لنا رغيفاً نُغَمِّسُهُ بزيت الزيتون، ولم ترَ واعِظَ القرية بحطّتِهِ وعِقالِهِ وورَعِهِ الأزهريّ، يُقَلِّدُ امرئَ القيس، في الاختباء في كهفٍ جانبيّ، ليتلصَّصَ على صبايا القرية ونسائِها وهنّ يخلعن ملابسهنّ، ويغطسن، عارياتٍ تماماً، في بِرْكة «عين الدير».

نعم. الواعظ يسرق الملابس ويخفيها في لفائف شجر العلّيق، ليطيل النظر الى مفاتنهن. هو لن يرى هذه المفاتن طوالَ عمره في ملاهي أوروبا وحفلاتِ مُجونِ أحفاده وأولاده في جامعة لوممبا وعواصم العالم الغربي والسكس شوبز في البيجال وسان دني، أو حتى في مسابح راس بيروت وسيدي بوسعيد!

نعم. الإحتلال خلق أجيالاً بلا مكان تتذكر ألوانه ورائحته وأصواته. بلا مكانٍ أوّلٍ خاص بها، تتذكره وهي في إقامتها

الملفقة. ولا تتذكر فيه سريراً كانت الطفولة تبلله هناك. ولم ينسوا على ملاءته دمية من القطن الملون الطريّ. ولم يتقاذفوا، إذ يخرج الأهل للسهر، مخدّاته البيضاء، يضربون بها بعضهم ضاحكين من القلب.

خلَص! الإحتلال الطويل خلق منا أجيالاً عليها أن تحبّ الحبيبَ المجهول. النائي. العسير. المحاطَ بالحراسة، وبالأسوار، وبالرؤوس النووية، وبالرُّعْبِ الأَمْلَسْ.

الاحتلال الطويل استطاع أن يحوّلنا من أبناء «فلسطين» الى أبناء «فكرة فلسطين». انني كشاعر لم أكن مقنعا أمام نفسي إلا عندما اكتشفتُ بهتان المُجَرّدِ والمطلق، واكتشفت دقّةَ المجسّد وصدق الحواس الخمس، ونعمةَ حاسة العين تحديداً. وعندما اكتشفتُ عدالةَ وعبقرية لغة الكاميرا، التي تقدّم مشهدَها بهمسٍ مذهلٍ مهما كان المشهد صاخبا في الواقع أو في التاريخ.

بذلت جهداً كان لا بد من بذله من أجل التخلّص من قصيدة المجاراة من سهولة النشيد. ومن رداءة البدايات.

* * *

كنا نتزاحم في باص عبد الفتاح او باص أبو ندى مع طلوع الفجر مرافقين لأهالينا الذاهبين الى رام الله لقضاء شأن من شؤون حياتهم. ونعود في الباص ذاته قبل الغروب الى دير غسّانة.

كنت مبهورا بذلك المحصّل يتسلق سلّما مثبتا في الخلف ويرتب الحقائب على ظهر الباص بهمة ملفتة ثم يقف طوال الرحلة الى رام الله على سلّم الباب المحاذي للسائق.

كنا نسمّيه «الكونترول» والبعض يتفلسف ويسميه «الكمساري» تقليداً للّهجة المصرية وإعجاباً بها.

ذات مرّة لا أدري ما الذي جعلني أقف وقفته هذه لدقائق

معدودة. كان الهواء القادم من التلال والبيادر المحصودة، يدخل مباشرةً الى الرئتين ويجعل قميصي الصيفيّ الأبيض يصفّق ويموج.

منذ تلك اللحظة أصبح حلم حياتي أن أكون محصّلاً!

لم يتكرر أبداً نعيمُ وقفتي تلك على سلّم الباص لكني ظللتُ لفترة من الوقت أحسد «المحصّل»

على مزايا منصبه الرفيع. كان جلوسي أو وقوفي في زحام الباص لا يتيح لي أن أملأ ناظريّ بمشهد حقول الزيتون الراكضة بعكس اتجاه سيرنا؛ لا تنقطع الا لتتصل ثانيةً، كاشفة عن القرى الصغيرة المتناثرة على رؤوس التلال المتفاوتة الإرتفاع. ولم أستطع حفظ الطريق بين رام الله ودير غسانة بكل تفاصيله. كل ما كنت أتذكره ان المسافر لا بد ان يمر على بير زيت وعلى «حرش النبي صالح».

مدرسة بير زيت أصبحت جامعة مهمة. أما الحرش الصغير الذي اكتسب اسمه من كثافة الشجر فيه، فقد قال لي حسام إنه أصبح الآن مستوطنة اسرائيلية كبيرة يسمّونها «حلميش». استولت إسرائيل على الحرش كلّه وعلى مساحات كبيرة من الأراضي المحيطة به وبنت المساكن والمرافق وأحضرت المستوطنين وانتهى الأمر. الطريق المتفرّعة الى الحرش، ككل الطرق الجانبية المؤدية للمستوطنات مغلقة أمام الفلسطينيين ومخصصة للإسرائيليين وحدهم.

اجتزنا الحرش ودخلنا قرية «بيت ريما» آخر ما يراه المسافر قبل الوصول الى دير غسانة. أوقف حسام السيارة وقال لي:

ـ إنزل شوف دير غسانة من هون. بتبيّن كلها على راس الجبل. شوف! كأنها رسم على بوست كارد.

* * *

لا تُعَرَّفُ القُرى ببيوتها. بل بما حولها. الحقول، عيون الماء،

الكهوف الصخرية، الشعاب والجبال والقصص المتوارثة التي تتغير وتتبدل من جيل الى جيل لكنها، عجباً، ثابتة كالكِتاب.

دير غسانة، تمتلك ذلك كله.

لكنها عكس ذلك كله لا تعرّف إلا ببيوتها.

حجارةٌ لا تشبه حجارةَ الأهرامات، لكنّها تذكّر بها. ولا تشبه حجارة سور القدس، لكنّها مقدودةٌ من المَقالع ذاتها.

حجارةٌ سميكةٌ جداً. غامقة اللون ومعشوشبة.

بيوتٌ فيها فكرة القلاع، لكنها ليست قِلاعاً. بيوتٌ توحي بأجواء رومانسية، وهي أبعدُ ما تكون عن الرومانسية.

بيوتٌ واقعيةٌ يسكنها الغنيّ والفقير. الأبله والذكي. والأميّ والمتعلم. بيوتٌ عُمرها مئات السنوات.

مداخلها أقواسٌ شاسعة. سقوفها قباب. (كان محمد الأبرش يربط جمله داخل قوس البوابة في دار صالح فيبدو الجمل هزيلاً وما هو بهزيل.)

بيوت على الجبل. بيوت على البال. بيوت دخَلْتُها جميعاً في سنوات الطفولة. بيوتٌ لم أعد أذكرُ مواضعها الآن. أذكُرُ هذه القبابَ الاسمنتية، والجدران الحجرية، التي تنمو في شقوقِها الأعشاب. أذكر تلاصقها وأذكر بكل دقة شكل الأقواس التي ترسمها سطوحها في زرقة الصيف العالية.

ـ مريد! تُصَدِّقْ اني حرقتها بالنار! . لكنها طلعت وكبرت مرّة ثانية. هل تصدِّق؟

قال حسام وهو يشير الى نخلةٍ طالعةٍ من جدارِ غرفتهِ في الطابق الثاني «دار صالح». نخلة تدلق سعفها الصغير الى الفضاء المطل على البيادر والحقول.

ـ نخلة يا رجل. هل تصدق!

نباتاتٌ عجيبةٌ تنبت في الحجر وتعيش مئات السنين.

بيوتٌ مهدّمة. لكنّ تَلاصُقَها الحقيقيّ والبادي من هذه المسافة حيث وقفت بنا السيارة، يعطي انطباعاً بالتماسك والمتانة.

اقتربْنا أكثر.

مررنا عن المدرسة. أول ما يصادفه الداخل الى دير غسانة. المدرسة مبنية في العشرينات من القرن العشرين. درس فيها أبناء قرى بني زيد كلها. كانوا يَصِلون إليها مشياً على الأقدام لعشرات الكيلومترات، ويأتون اليها أيضا على الحمير. يجتازون الوديان وسيول الشتاء، طلاّباً وأساتذةً لا فرْق.

كان مستحيلاً أن يصدّقني أحد في أوروبا كلّها لو قلت إن الأساتذة وأولياء الأمور والسعاة والمدير ومئات الطلاب في مدرستي، أنا المفرد الغريب المائل للصمت والعزلة، كانوا كلهم من نفس العائلة ويحملون اسم البرغوثي!

هنا درّسني مادةَ الدين الأستاذ عبد المعطي الصالح البرغوثي الذي لم نعلم ونحن في الصفوف الإبتدائية أنه كان شيوعياً عندما كان لينين على قيد الحياة، وأنه سُجن في أواخر العشرينات أو أوائل الثلاثينات بتهمة الشيوعية! والأستاذ عبد المعطي هذا هو قريب لأبي ووالد كل من فدوى زوجة «ابو حازم» وشقيقها حسام.

هذه إذاً «دير غسانة» المكتوبة في شهادة مجيئي الى العالم وفي خانة «مكان الولادة» في كل جوازات السفر التي حملتها طوال عمر المنافي والمنابذ العديدة، وبجوارها دائما تاريخ الولادة 8 /7/ 1944.

دير غسّانة المسجلة في إدارة الوافدين، في ملفات جامعة القاهرة، في ادارة سجن الأجانب وقسم ترحيلات الخليفة. المكتوبة باللغات الأجنبية على تأشيرات الدخول إلى العواصم البعيدة.

هذه هي التي كنت أنطق اسمها كلما سألني أحدهم «من وين الأخ؟»

هذه هي التي كان قليل من السائلين يقتنع بها كإجابة على ذلك السؤال والكثير منهم لا بد أن أصل به الى سماع كلمة «رام الله» حتى يهدأ باله بتحديد مكانٍ معلومٍ لديه بالضرورة. ها هي الآن توشك على مغادرة مكانها في الأوراق والوثائق، وتتجسّد.

تتجسّد بقوامها القوطي الغامق اللون. بشوارعها الترابية. بسناسلها وأسرابها الضيقة ومقبرتها المحاطة بالصبّار الذي لا تكفّ ألواحه الشائكة عن التناسل، حتى وهي تجاور الموت والموتى. وجامعها الذي لا مئذنة له. بمضافتها في صدر الساحة. بأقواسها وقبابها ورائحة البهائم التي تحمل حرّاثيها إلى الحقول وعيون الماء، بستّي أم عطا حاملة جرّتها على منتصف رأسها من «عين الدير» الى عَطَشِنا وطبيخنا وغسيلنا والأباريق التي علّمونا كيف نصبّ منها الماءَ على أيادي ضيوفِنا بعد أنتهائهم من تناول المسخَّن البلدي المشوي في الطابون.

لا . «دير غسانة» لم تَعُدْ فِكْرَةً، ولا خانةً في الملفّات.

ها هي تخرجُ من التجريد. ها هي تنظرُ اليّ وأنا أعبرُها، وتوشك أن تعرفَني بعد قليل، عندما يهدأ محرك سيارة أنيس.

ها هي تكاد تفتح القوسَ الواسعَ الذي ستضعُ فيه ثلاثينَ عاماً من العُمْر، وتغلقُ عليه قَوْساً آخر بحيث تضع كلَّ غربتي بين قوسَيْن.

ولكن، مِن كل الأولاد، الذين كانوا يتنزهون أو يلعبون في مداخِلِها وطُرُقاتِها، لم يَعْرِفْني أحَد.

* * *

لم يكن من حقّي أن أشعر بتلك الرِّعشةِ الخفيفة. لكني شعرت بها. أردت فعلاً أن يَعْرِفَني أحد.

حتى ذلك الشيخ الذي يسير ببطءٍ وتأمُّلٍ لم يعرفني ولم أعرفه. لم أسأل عمن يكون. لم أسأل.

سخيف أن تطرح في مسقط رأسك أسئلة السيّاح: من هذا وما هذا الخ.

أليس كذلك؟

* * *

كلما تقدمنا من ساحة القرية اتضح أثر الهجران. أثر الخسارة والنأي. التقدم البطيء يجيءُ الى الأمكنة بمواقيتهِ وبقانونه؛ في غياب أهلها دخلت الى دير غسانة الكهرباء، هوائيات التلفزيونات مرفوعة على بعض الأسطح، الاسفلت يضيء بسواده الطازج شارعاً أو شارعين في القرية.

نقترب أكثر. أكثر.

البيوت المهجورة تروي روايتها بِخَرَسِها البليغ.

كان يجب ان أتخيّل هذا التهدم والتآكل في الأقواس والبوابات والمداميك والسقوف والعتبات والأدراج. بل انني قدّرت ان أرى هذا الخراب الذي أراه الآن في دير غسانة منذ رأيت التراجع المفجع في أحوال رام الله. اذا كان الاحتلال قد أعاق المدينة في المدينة فمن الطبيعي أن يعيق القرية هكذا بحيث يكتمل يأسها التاريخي من اكتساب عناصر مَدينيّةٍ تغتني بها وتنمو.

لاحظت مئذنة عالية في نهاية عمران القرية فسألت إن كان أهل البلد قد أقاموا مئذنة لجامعهم أخيراً فقال لي حسام بل انهم بنوا جامعاً جديداً غيره.

شعارات حماس المكتوبة بالدهان الأحمر ما تزال واضحة على جدار دار صالح وعلى حائط الجامع وعلى سور دار رعد.

في الساحة رأيت جزءاً صغيراً جداً، مقتطعاً من مساحة

المدرسة القديمة المهدّمة منذ سنوات طويلة وقد تم ترميمه بشكل متقن وأنيق.

كنت سمعت أن جمعيّة يسارية إيطالية تبرعت ببعض المال لإقامة حضانة لأهالي القرية في هذا الموقع، وأنفقت على المشروع فعلاً. بعض المشاركين في ملكية الموقع توجسوا وخافوا من عواقب الأمر بل انهم ارتابوا في «أهدافه»! حاولوا عرقلته. اتهموا المتحمسين له بتهم كثيرة.

الملكية في القرية موزّعة على عشرات الورثة. الورثة مبعثرون في أرجاء الدنيا وبعضهم لا يعرف أن له ميراثا في دير غسانة أصلاً. من المستحيل تقريباً الحصول على موقف موحّد من جميع الورثة حول أي قطعة أرض أو بيت أو حقل زيتون.

المهم أنهم هدأوا بعد أن شاهد بعضهم نتيجة الترميم الفعلي أو بعد أن رأى االمقيمون منهم خارج فلسطين صوراً جميلة للحضانة الجديدة.

هذه إذاً ساحة القرية.

هنا مضافة دير غسانة وملتقى رجالها الليلي في السَّمَر والعُرْس والعزاء واستقبال الضيف القادم من القرى المجاورة أو من المهاجر العديدة.

انبعثتْ على الفور رائحةُ البنّ الغامق والهال من زاويتها اليمنى التي كان يجلس فيها يوسف الجِبين يدقّ القهوة في الجُرْنِ الخشبي بإيقاعاتٍ راقصة.

الساحة. المضافة. ها هي أمامي الآن. بين يدي حواسي الخمس. حجراً لا خيالاً. تبصرها عيناي لأول مرة منذ ثلاثين سنة.

نهضوا أمام عينيّ.

نهضوا بقاماتهم وقنابيزهم وحَطّاتهم البيضاء ووجوههم، على الفور.

نهضوا كأنهم لم يموتوا.

ترجّلوا من قصيدة كَتَبْتُهُمْ في الغربة، وانبعثوا كاملين. أبي. عمي ابراهيم. خالي أبو فخري. أبو عودة . أبو طالب. أبو جودت. أبو بشير. أبو زهير. أبو عزت. أبو مطيع. أبو المعتدل أبو راسم. أبو سيف. أبو عادل. أبو حسين:

انبعثوا على حصيرتهم الملونة التي نسيت ما نسيت طوال هذه السنين وما زلت أتذكّر نقوشها:

شهوة للرجال الذين بنوا في المضافةِ بيتَ الكَرَمْ،
وبيتَ النكاتِ اللئيمةِ ،
بيتَ التهكّمِ مِن كلِّ عالٍ قويٍّ ،
وبيتَ المساءِ الطويلِ بطولِ الجِدالِ ،
وأخبارِ كلّ البلادِ،
كأنّ الحصيرةَ مِن تحتِهم،
هيئةٌ للأُمَمْ!

لكنهم لم ينبعثوا.

لا المختار ولا الحرّاث ولا الكريم ولا البخيل. لا الذين أحبونا ولا الذين كرهونا. لا الطيبون ولا القساة.

هرموا في الموت وأماكنهم هرمت. كلها هرمَتْ.

المؤكد انني تجاوزتُ منذ خروجي من سذاجات الطفولة، الرغبةَ في استعادة الموتى ليعودوا كما عرفتُهم في ماضيّ أو ماضيهم. أنني لا أريد استرداد دير غسانة كما كانت ولا استعادة طفولتي فيها كما كنت. أعلم معنى مرور الزمن. لكن المسألة

ليست تَأمُّلاً ميتافيزيقياً. إنني أعلم، وهذا هو الأفدح والأخطر، معنى أن تتعرض المدن والقرى للإحتلال.

قالت لي رام الله في الأيام الماضية الكثير عن أحوالها التى أعاقها الإحتلال. والآن هاهي القرية تقول الكلام ذاته.

حتى في لحظة «الزيارة بعد مرور الزمن» التى تغري أعتى الواقعيين بالهيام في الغمام الرومانسي، لم أجد لديّ دمعا أذرفه على ماضي دير غسانة ولا شوقا لاستعادتها على هيئة طفولتي فيها.

لكن اسئلة عن جريمة الاحتلال هي التي جعلتْني أفكّر في مدى «الإعاقة» التي يمارسها الإسرائيليون.

كنت دائما من المقتنعين بأن من مصلحة الإحتلال، أيّ احتلال، أن يتحول الوطن في ذاكرة سكانه الأصليين الى باقةٍ من «الرموز». الى مجرّد رموز.

إنهم لن يتركونا نرتفع بالقرية الى ملامح المدينة أونرتفع بمدينتنا الى رحابة العصر. لنكن صادقين، ألم نكن نتمنى حياة المدينة ونحن في القرية؟

ألم نكن نتمنى الخروج من دير غسانة، المحدودة، الصغيرة، الأبسط من اللازم، الى رام الله والقدس ونابلس؟

ألم نكن نتمنى لتلك المدن أن تصبح مثل القاهرة ودمشق وبغداد وبيروت؟

إنه العطش إلى العصر الجديد دائماً.

الاحتلال تركنا على صورتنا القديمة. وهذه هي جريمته.

إنه لم يسلبنا طوابين الأمس الواضحة بل حرمنا من الغموض الجميل الذي سنحققه في الغد.

لم آت الى هنا لاستعادة «فاي السباط» ولا «جَمَل الأبرش».

كنت أشتاق الى الماضي في دير غسانة كما يشتاق طفل الى مفقوداته العزيزة. ولكنني عندما رأيت أن ماضيها ما زال هناك، يجلس القرفصاء في ساحتها، متنعّما بالشمس، ككلبٍ نسيه أصحابُه، أو على هيئةِ دُمْيَةٍ لكلبٍ، وددت أن أمسك بقوامه، وأقذف به الى الأمام، الى أيّامهِ التالية، الى مستقبلٍ أحلى، وأقول له:

أُركُضْ!

***

4

الساحة

لم أنبذ الرومانسية لأن نبذها موضة فنية، بل الحياة ذاتها هي التي لا شغل لها إلا إسقاط رومانسية البشر. إنها تدفعنا دفعاً نحو تراب الواقع الشديد الواقعيّة.

ليست العمائر وحدها هي التي يُسقِطُها الوقت. خيال الشاعر محكوم بأنه آيلٌ للسقوط. فجأة يسقط خيالى كعمارةٍ تنهار، عندما رأيتُهم كاملين كأنهم لم يموتوا، ماتوا الى الأبد. لم يعد في المضافة إلا غيابُهم. لا معنى للرّعشة التي الآن ارتعشْتُها!

تساءلتُ إن كانت المقارنةُ واردةً بما حدث لي عندما سُمح لي بالعودة الى مصر والإقامة فيها بعد منعٍ استمر لمدة سبعة عشر عاماً: لم أستطع تلبية احتياجات الرومانسية التي يتوقعها المعجبون بالدراما والميلودراما من هذه العودة الى مدينةٍ فيها تلقيت العِلم وعملت وعشت سنوات كثيرة.

أخبرتني رضوى أن مساعي السنوات السابقة نجحت أخيراً في رفع اسمي من قوائم «ترقّب الوصول» في مطار القاهرة وأن بوسعي المجيء الى مصر والإقامة مع الأسرة بلا قيود. كنت وقتئذٍ في عمّان وأستعد للسفر الى الدار البيضاء في المغرب، مدعوا من

الأمانة العامة لاتحاد الأدباء والكتّاب العرب من أجل الإشتراك في مهرجان الشعر العربي الذي يعقد عادة مرافقا للمؤتمر. رضوى كانت أيضا مدعوة لنفس الموتمر مع عدد من الأسماء الثقافية المصرية.

هي سافرت من القاهرة قبل يومين من سفري أنا من عمان لنلتقي في فندق بالدار البيضاء. دخلت الى البهو. انبثقت رضوى واتجهت نحوي فاردة ذراعيها وسط تعليقات الأدباء المنتشرين على المقاعد يحتسون الشاي المغربي.

حقيبتي كبيرة هذه المرّة. فيها ملابس من سيقيم إقامة دائمة لا ملابس الزائر لفترة أسبوعين.

كنا نتصل هاتفياً بتميم كل يوم تقريباً ودخل في حالة انتظار لعودة أبيه الى البيت والاستقرار فيه.

ركبنا الطائرة العائدة الى مصر بعد انتهاء المؤتمر.

أنا لا أعود الى رضوى. أعود معها. كأنها تأخذني من يدي إلى البيت الذي انتزعوني منه ومنها ومن تميم ذات خريف قبيح وبعيد.

في الخارج كان تميم قد نفد صبره تماماً رغم أن الجميع هيّأوا أنفسهم لانتظار طويل.

مطار القاهرة عموما من المطارات الصعبة للمسافر الملهوف. كل شيء يتم بتلكّؤ لا يراه مُسبِّبوه تلكّؤاً، بل ربما حسبوه إتقاناً لعملهم. إنها وجهات نظر على أية حال!

دخلنا البيت ليلاً (أمر محيّر وغريب، كل العَوْدات تتم ليلاً، وكذلك الأعراس والهموم واللذة والإعتقالات والوفيات وأروع المباهج. الليل أطروحة نقائض!)

لم يغمض لنا نحن الثلاثة جفن. ثرثرنا أعمارنا المتفرقة في

البيوت التى انضمّتْ في تلك الليلة لتصبح بيتاً.

مع مرور الأيام بدأ يتّضح لي ما كان غامضاً.

أنت لا تبتهج فوراً بمجرّد أن تضغط الحياة زرّاً يدير دولاب الأحداث لصالحك. أنت لا تصل الى نقطة البهجة المحلوم بها طويلاً عبر السنوات وأنت أنت. إن السنوات محمولة على كتفيك. تفعل فعلها البطيء دون أن تقرع لك أية أجراس.

أعود بعد أن وضعت بيديّ جسد منيف في العتمة التي لا يعود منها أحد. بعد أن عاد الخوف من الآتي يسيطر على أمي. تميم يستعدّ لامتحان الثانوية العامة وهي امتحانات كابوسية لكل تلميذ في مدارس مصر. عندما فارقته كنت أحضر من تحت الشرفة قماطه المغسول الذي أسقطه هواء نوفمبر عن حبل الغسيل، وكان في شهره الخامس يمصمص شفتيه في جذل المواليد المتدثرين بشال من الصوف ويراقبون اقتراب حلمة الثدي الشفاف اللون من وجوههم الشفّافة اللون.

هو الآن رجل يحلق ذقنه وشاربه! منذ ثلاث سنوات اشترينا له ماكينة الحلاقة وصابون الحلاقة وملابس لا تختلف في مقاسها عن ملابسي الا بنمرة واحدة.

كان عليّ أن أقسّم الذاكرة بين الماضي العبثي الذي مر والحاضر الملموس الذي يتشكل معهما وفي بيتنا ذاته والمستقبل الذي لا تحدده قراراتنا وحدنا.

كان تقسيم الذاكرة الى تعب سابق وراحة راهنة مستحيلاً.

الذاكرة ليست رقعة هندسية نرسمها بالمنقلة والفرجار والقرارات الرياضية والآلة الحاسبة. بقعة من مجد السعادة تجاورها بقعة الألم المحمول على الأكتاف. اختل ميزان الإحتياج دون إرادة أي منا. نحن الثلاثة نحتاج القرب ذاته في الوقت ذاته بالمقدار ذاته. الشعور بالبداية الجديدة والشعور باستئناف الماضي

المكسور، يتزاحمان لدى الجميع. الشعور بوضوح «العودة» الى البيت يزاحمه الشعور بغموض المستقبل الجماعي للأسرة وللمحيطين بها في الأماكن البعيدة.

كان علينا أن نتحمل «وضوح الغربة» وعلينا اليوم أن نتحمل «غموض العودة» أيضا. وقد تحمّلنا.

أدركنا، وكان هذا اكتشافاً، أن العائد يعود وعلى كتفيه أحمالٌ يستطيع المرهف أن يراها كما يرى عتّالاً محنيّ الظهر في ضباب الميناء.

المنشود هنا هو البطء. ستتخذ اهتزازات الماضي مداها الى أن تهدأ وتسكن وتجد لها شكلها الذي تستقر عليه.

هذا يحتاج الى البطء الساحر. البطء العزيز. الذي يجعل الشعور بالراحة والسكينة يتغلغل على مهله فينا. فهذه الأحاسيس لا تتشكّل دفعة واحدة ولا بطريقة مباغتة. البطء الذي يوصلنا الى تلقائية تعوّد الجديد. الى اعتباره طبيعة الأمور وأصلها الأول وهذا يتطلب ان نعيشه بكثافة وبكثرة وعلى مهل.

إننا نتعلّم ذلك. نتعلّمه معاً. ويتعلمه معنا بيتنا الذي سيستأنف رؤيتنا معاً ويعتاد على صباحاتنا المتكررة بملابس النوم المجعلكة والعيون نصف المغلقة نبحث عن الشبشب ونكتشف أن أحدنا يجب أن يشتري فوراً بعض القهوة لأنها نفدت ليلة الأمس دون أن ننتبه. انتظرت رضوى عودتي الي بيتنا سبعة عشر عاماً، وعندما عدت، عدت ومعي الأعوام السبعة عشر، كلّها. ومعها الأعوام السبعة عشر كلّها.

منذ ترحيلي وفي كل مرة سمح لي بالعودة الى القاهرة كنت أقضي أطول وقت ممكن في بيتنا دون أن أغادره الى الشارع. كنت أتفرّج على البيت. أتفرج على الكنبة البنية تحت رفوف الكتب. على الستائر ذات الرسم التجريدي، على المكتب الصغير تحت

النافذة. على المسوَدات القديمة والجمل الناقصة. كانت كل عودة مؤقتة تكمل النصف الثاني من الجملة. فالغربة كلها شِبْهُ جُملة. الغربة شِبْهُ كلِّ شيء!

يخطفونك من مكانك بشكل خاطف، مباغت، وفي لمح البصر. لكنك تعود ببطء شديد!

وتحب أن تتفرج على نفسك عائداً بصمت، دائماً بصمت، أوقاتك في الأماكن البعيدة تطل على بعضها كأنها تريد أن تشبع فضولها الغامض بشأن ما يفعل الغريب بالمكان المستعاد وما يفعله المكان المستعاد بالغريب.

أما العلاقة بالمدينة فلها قصة أخرى.

في القاهرة رَتَّبَ العالم شأنَهُ بدوني وفي غيبتي الطويلة، الصداقات ذهبت في طُرُقِها المختلفة والمرتجَلة. المعالم في أماكنها لكنها ليست في أماكنها تماماً. مقهى تم إغلاقه. أصدقاء اكتشفوا مقاهيهم الجديدة. الشِلَل تكوَّنَت. الخصومات تَكَوَّنَت. المواقع والطموحات والولاءات تبدَّلَت قليلا أو كثيراً. البرامج اليومية للناس وانشغالاتهم المُعتادة تم تصميمها بشكل يصعب على أي وافد جديد أن يتدخل فيه فجأة.

أصدقاء الماضي دخلوا في حالاتٍ وتحوّلاتٍ أمْلَتْها اختياراتٌ واضطراراتٌ لا أعرف عنها شيئاً.

الذين بدأوا مشوارهم معك تقلّبتْ بهم حظوظُهم في اتجاهات متناقضة، هذا صار متنفّذا، وذاك انتهت موهبته فاخترعوا له مواهب غيرها؛ هذا أصبح رئيس تحرير، وذاك يعمل في الخارج، وثالث نسيك ورابع نسيته وهكذا.

عام 1973 جاءتني رضوى لتقول إنها تنوي الدراسة للدكتوراه في جامعة ماساتشوستس في الولايات المتحدة. تحمستُ للفكرة. سافرَتْ وبقيت في بيتنا في حي المهندسين قرابة السنتين. البيت

كان يزدحم بلأصدقاء، أصدقاء كوّنوا لأنفسهم حضوراً في الحياة الثقافية أو ما زالوا يتلمسون الطريق الى ذلك ويحاولون، كل في مجاله، من السينما الى المسرح الى الموسيقى وأساسا في الشعر. كان ديواني الأول قد صدر في بداية العام 1972 وكنت على صلة بجيل كامل من المثقفين المصريين. عندما عدت الى القاهرة كانت الصحبة تفرّقت. بالموت، باختلاف المصائر، ولم أعد ألتقي بشلة أوائل السبعينات إلا مصادفة وعلى غير ترتيب.

عند اللقاء مع صحبة الماضي تجد أن كل شئ قد اختلف. ذات يوم وعلى سبيل الدعابة المعتادة بيني وبينها، قلت لسيدة مَجَرية خفيفة الظل دائمة المزاح تساعدنا في المطبعة التي نصدر منها مجلة الإتحاد في بودابست:

- كل صديقاتي هجرنني يا «جوجا». ماذا أفعل لاستردادهن؟

فإذا بها تجيبني إجابةً لم أنسها منذ ذلك اليوم، قالت جوجا:

- لدينا في المجر مثل شعبي يقول: «طبخة الملفوف (الكرمب) يمكن تسخينها إذا بردتْ، لكنّ مذاقها الأصليّ لا يعود أبداً».

ضاع المذاق الأصلي لتلك الأيام. ضاع بالفعل. انني لا أحب الملفوف بشكل خاص ولا أحب تشبيه العلاقات بين البشر بمفردات الطعام، غير ان الوجدان الشعبي المجرِّب، والمشترك عند معظم المجتمعات هو وجدانٌ مبهرٌ في تلخيص أحوال البشر.

استحالة الابتهاج المطلق «بالمعثور عليه بعد الفقدان»، تجسّدَتْ في عودتي الى القاهرة. أدهشني ان خيالي استمرّ في مواصلة شُغْلِه! رغم وعيي الحاد بأنني أمشي على الأرض التي كانت شُغْلاً لخيالي في سنوات البُعد الطويلة.

ما الضائع إذاً في هذا الذي عثرتُ عليه؟ شَكْلٌ معينٌ للأرصفة التي كنت أمشي عليها؟ نوعٌ من الإيقاع؟ نوع من الشروقات والغروبات؟ دعسات خطى انتظرت أن أسمعها ذات ليلة موحشة

فسمعتها؟ مشحاتٌ من الغيم اتخذت أشكالاً راقت لي ذات صباح؟ صفّ أشجارٍ في منتصف شارعٍ ما؟ إنها المسألة نفسها دائماً، مسألة رَتْق زَمَنَيْن بالإبرةِ والخَيْط. ولكن هيهات.

الزمن ليس خرقةً من الكتّان أو الصوف! الزمن قطعةٌ من الغيمِ لا تكفُّ عن الحركة، وأطرافُها غائمة مثلها.

قل إنك رومانسي، الزمن هو الذي يُؤَدّبك بكلّ برود.

الزمن يُرَنِّخُنا بالواقعيّة.

* * *

هذا قبر خالك «ابو فخري».

ها هو «المَلِك» راقداً تحت التراب.

عملاقُ الجسم. هادئ الصوت. في وجهه مزيج من ملامح الجنرال ديغول وأنتوني كوين. يدخّن الغليون منذ عرفناه، وإن كان يحشوه بأسوأ أنواع التمباك الذي كان يسميه (الهيشة). هو الوحيد الذي يدخّن الغليون بين كل أهالي البلد. يتباهى بالقمباز الجديد ليومٍ أو لنصف يومٍ فقط، لأنه سيكون في اليوم التالي منقوراً بشرارةٍ من شراراتِ غليونه العجيب، الذي لا يفارق زاوية شفتيه. أدهشني عندما قال لي مرة:

- خالك راح لبور سعيد يا وَلَدْ.

- وليش رحت يا خالي؟ فأجابني كأنني سألت سؤالا غبيا:

- مِن شان أروح لبور سعيد!

انطلقَ ببارودته ذات ليلةٍ الى «البيطارة»، أرض زيتوناته خارج دير غسانة، لأنه علم بوجود

لصوصٍ فيها يخرطون الزيتون، فعاد بسبابته ملفوفة بالشاش لأنه صوّبَ على يده!

يعيش من دخله في مواسم الزيتون. لاتجد في جيبه قرشاً في

معظم أوقات السنة، لِكَرَمِهِ بكل قليلِهِ المُتاح. وهو أكثر بشاشة مع أصدقائه منه مع خالتي ام فخري التي تعلمتْ من كَرَمِهِ المبالغ فيه حرصَها المبالغ فيه،

ذات مرة استغلّ غيابَها عن البيت، ودعا أولادَ الجيران الصغار من نافذته فصعدوا اليه وأعطاهم كل ملابس أحفاده التي تصر خالتي على الاحتفاظ بها الى الأبد. بعد ان ذهبوا استبدّ به الخوف من غضبها فاهتدى الى ترتيب عجيب: أحضر حَبْلاً وقيّد نفسَهُ في كرسيٍّ من الكراسي وجلسِ ينتظر. ولما عادت، أفهمها أنّ لصوصاً قيّدوه هكذا، وسرقوا ملابس أحفادها!

لكنها كانت أيضا سيدة ذكية. لم تنطلِ عليها الرواية طبعاً وتحولت الى نادرة من نوادر الأسرة.

كانت خالتي ام فخري صغيرة الحجم بشكل ملفت. خصوصاً إذا سارت الى جواره. عندما عبرا الجسر معا الى رام الله قادمين من عمان، أنهى الجندي الاسرائيلي معاملة خالي أبو فخري أولاً. لكنه ظل ينتظر في مكانه. حثه الجندي على المضي قدما فقال له انه سينتظر «المدام» وأشار الى خالتي. نظر الإسرائيلي الى الخال «أبو فخري العملاق وإلى خالتي ثم قال له بعربيّةٍ مكسّرة:

- كم سنة انتي مع المدام؟

- خمسين سنة يا خواجا.

فاذا بالإسرائيلي يقول له وهو يبتسم:

- خمارة ! (حمار)

- شايفة يا ام فخري، عرفني!

كنت كاتبَ رسائلهِ منذ تعلمت الكتابة. لم أحب رجلاً من أقربائنا جميعا قدر ما أحببته. مات خالي أبوفخري وأنا في بودابست. وتوزع اولادُهُ وبناته بين السعودية والأردن والنمسا

والإمارات والشام.

لم يبق في بيته أحد.

كان حزني عليه ثم على ابنه فخري كبيراً. فخري أخذ من صفات أبيه الكرم والتلقائية والمرح. زارني في بودابست مع سعاد زوجته وأصغر بناته مولي. بعد سنوات قليلة توفي في السعودية ودفن هناك. فكاهاته وقفشاته وقاموسه اللغوي الخاص به وحده كانت تجعل محدثيه لا يكفون عن الضحك.

ها هو دكّان يوسف الجِببين الذي كان فلاحا وحلاقا ودبّيكا، سقط جداره الملاصق للمضافة وسقط سقفه على بقاياه، ولا يزال الركام يسد مدخله.

اقتربْنا أكثر.

حقلُ اللوز الذي تملكه أم نظمي التي كانت لا تطيق أن ترى طفلا منا يفوز بحَبَّةِ لَوزٍ واحدةٍ من أشجاره الضخمة، أصبح مقبرة. كان لا بد ان أطلب لها الرحمة اعتذارا عن صورتها التي تسللت الى ذلك المقطع في قصيدة الشهوات:

شهوةٌ لِلُصوصِيَّةِ الطِّفْلِ فينا،
نُغافِلِ بُخْلَ العجوزِ التي وَجْهُها
مثلُ كعكٍ تَبَلَّلَ بالماءِ،
كي نسرقَ اللوْزَ مِن حَقْلِها.
مُتْعَةُ العُمْرِ أن لا ترانا.
وأَمْتَعُ منها، إذا ما رأتْنا، مَراجِلُنا في الهَرَبْ.
وأَمْتَعُ مِن كلِّ هذا،
إذا استَلَمَتْ خَيْزَرانتُها واحداً،
وانضَرَبْ!

بعد الغداء اقترح أنيس أن نرتاح قليلا في بيته. دخلنا البيت الضخم المتعدد الحجرات من بوابته المنهارة المهدّمة التي مايزال ركامها مدلوقاً كربوةٍ صغيرة تكاد تمنع الدخول والخروج.

«شهيمة» و «زغلولة» هما السيدتان الوحيدتان هنا. متقاربتان في السن، تجاوزتا السبعين، ولم تتزوجا أبدا. متقاربتان في حجمهما المائل للقِصَر لكن زغلولة أقصر من شهيمة قليلاً. على وجهيهما تجاعيد متتابعة متماثلة. يَعِشْنَ في هذه الخرابة الشاسعة وحدهما ولا ثالثَ لهما، وترفض أي منهما محادثة الأخرى! انهما، منذ سنوات، في حالة مقاطعة وخصام دائمة!

عندما انهار مدخل الدار اخترع ابو حازم طرفته الشهيرة عنهما، إذ أشاع أمام أقاربنا في عمّان أن السيدتين كانتا تخرجان وتدخلان مِن وإلى الدار بواسطةِ طائرةِ هيلوكوبتر!

بعد عودة أنيس من أمريكا قام بإصلاح غرفةٍ واحدةٍ في الدار المتهدمة ليعيش فيها. كان الحر والإرهاق قد تمكّنا مني. خلعتُ قميصي وتمددتُ عاري الصدر على أرضية الغرفة الباردة. سقطتُ نائماً وذراعاي مرميّتان على الجانبين كالمصلوب.

صحوتُ على جلبة استعداد الجميع للتوجه الى «الساحة» حيث الأمسية الشعرية المنتظرة. ماذا أقرأ يا ترى؟

إنه سؤال كل أمسية شعرية بدون استثناء. وهذه الأمسية هي الإستثناء بحدّ ذاته! ورغم ذلك استسلمت لعادتي في ترك الخيارات للّحظة الأخيرة بعد صعودي الى المنصّة ومواجهة الناس.

عندما أكتب أشعاري لا يكون الجمهور محدداً. ولكن عندما يُطلب مني أن أقرأها أمام الناس فإنهم يصبحون ذلك المتلقي المحدد. هذا وحده يسهّل اختياراتي. انني لم أكتب «لهم» بالتحديد ولكنني سأقرأ «لهم» بالتحديد. اتبعتُ هذا الأسلوب في كل الأوقات وفي كل الأماكن. وكانت الشرارة المتبادلة بيني وبين

الناس تتقد وأشعر بها ويشعرون بها.

أتذكر أمسيات معينة لا تنسى، في القاهرة وفي عمان وفي تونس وفي المغرب. ولعل للمغرب وحده قصّة من أجمل القصص. لكن لقاء اليوم محيّر. هل يريدون الإستماع للشعر فعلا؟ أم أنهم يبادلونني تحية العودة بالسلامة ويقومون بما تقتضيه الأصول؟ تركت الإختيار للحظة الأخيرة وصعدت الى مصطبة المضافة.

هذه وجوههم إذاً.

الشيوخ الذين نجوا من الموت والأبناء الذين استطاعوا البقاء. خلفهم تجلس الجدات والعمات والخالات والأرامل التسع والأربعون. أما الأطفال فلم يتوقفوا عن الحركة في كل الإتجاهات مندهشين من تَحَوُّلِ ساحةِ قريتهم الى مَسْرَح! حسام وأنيس يقولان ان بعض شباب القرية مثّلوا مسرحيّة على سطح الجامع في هذه الساحة عام 1949 ولم تتكرر التجربة منذ ذلك التاريخ.

قبل ان أصعد الى المصطبة توجهتُ للحاضرين وصافحتُهم واحداً واحدًا رجالاً ونساءً وأطفالاً. بعضهم يتذكرني. بعضهم يتذكر منيف. وكلهم يتذكرون أبي. كانوا يسمونه «الحنون».

أنيس وحسام، بلباقتهما وإدراكهما للموقف، جنّباني كثيرا من الحرج الناجم عن نسياني بعض الوجوه والأسماء. قدّما لي على الفور كلّ من لمسوا أنني نسيت اسمه.

هذا هو «العفو» ابن «أبو العفو»، قال حسام. سلّمت عليه بحرارة. شاب أشقر وسيم فارع الطول كأبيه. حضرت عرس أبيك في هذه الساحة يا عفو قبل دهر!

- إذاً انت ابن «أبو العفو»... !

في لمحة بصر تكوّن المشهد الغابر كله:

منير أبو زاكي الشاب النحيل ذو القميص الأبيض الشفاف يقود صفّ الدبكة في عرس شقيقه الأكبر فخري (الذي سيصبح فيما بعد «ابو العفو»). صبايا القرية اتخذن سطح الجامع شرفةً لهن، يغنين منها ويطلقن الزغاريد ويسحجن مع الشبّابة للراقصين. الراقصون يتحرقون لكي يمكثوا أطول وقت ممكن في وضع يتيح لهم مشاهدة البنات. لكن الملعون «أبو زاكي» قرر أن يُبْقي ظهورَهم الى جهة الجامع، ليستفرد هو بالنظر الى شُرْفَةِ البنات! تَرَكَ عيونَهم مُعَلَّقَةً بقدميه وخطواته. إنه اللوّيح الذي يقود رقصتهم.

كنتُ صغيراً عندما شاهدتُ ذلك العرس في هذه الساحة التي أقف فيها الآن لأقيم أول أمسية شعرية في تاريخ القرية. لم أعرف بالضبط كيف ولماذا استقرت رقصة «أبو زاكي» سنوات طويلة في ذاكرتي رغم تشتت أبطالها جميعا. سافر أبو زاكي الى الشارقة ومات أبو العفو. ورَمَتْني الأحداثُ من دير غسانة الى رام الله والقاهرة والكويت وبيروت وبودابست. وفي بودابست تحديداً صَوَّرْتُ المشهدَ الغابرَ كلَّهُ في قصيدة «غمزة».

وقفتُ في ساحة دير غسانة،
خلفي مباشرة: حائط المضافة.
على يساري: دار صالح.
على يميني: حائط الجامع.
وأمامي بالضبط: سور دارنا.
دار رعد.

جسد منيف يملأ المكان. لم يكن طيفاً ولا تذكّراً. هو ذاته. بقامته الطويلة، بنظارته، بوجهه الأشقر وشَعره الجميل. تحديداً في هذه الساحة المتهدّمة، التي وَضَعَ لها الدراسات والخطط لترميمها وإعادة إعمارها. أراد أن يحوّلها الى ساحةٍ للعروض الفنية الجماعية، ومراسم للرسامين، وأن يقيم فيها حضانةً للأطفال

ومعهدا لتعليم الفنون الزراعية. وخَطَّطَ لاستعادةِ أقواسها وقبابها وبوّاباتها الأثرية الى بهائها الأول.

ذات مرة كنتُ بصحبته في قرية إيفوار الفرنسية وسحرتني بعتاقتها وزهورها وحياتها الفنية الغنية فقال لي:

ـ لا تنبهرْ هكذا يا مريد، دير غسانة يمكن إذا اعتنينا بها أن تصبح مثل إيفوار وأجمل منها كمان.

نعم. كان كل شئ حولي، وكل شئ في داخلي، يحتّم عليّ أن أبدأ بقصيدتي في رثائه. أردت أن أعيده الى هنا محمولاً على لغتي.

أردت أن أعيده معي الى هذه الساحة.

قرأت مقاطع من قصيدة «منيف».

رَجُلٌ رَؤومْ
وهو الذي ظلت أمومتهُ تظلّل أمّهُ
ليرى ابتسامتها
ويفزع أن يكون بصوف كنزتها
ولو خيطٌ حزينْ.
. . . .
مَن جرؤ على إحناء قامته السرو؟
من جرؤ على بعث كل هذه القشعريرة
في الهواء المحيط بكتفيه؟
من جرؤ على قتل الإستغاثة الأخيرة للجَمال؟

ثم قرأت قصيدة «باب العامود» وقصائد قصيرة أخرى. تأثروا. ضحكوا. حزنوا. كان إحساسي بوجودهم طاغياً ومهيمناً.

كانت شعارات الإنتفاضة، رغم توقّف أحداثها بفعل أوسلو،

تملأ الحيطان على الجامع وعلى دار رعد، وعلى كل ما يمكن للطباشير والدهانات أن تعلق به. معظمها شعارات حركة «حماس».

تزاحم الخاطر بفوضاه وتشعيبه نحو كوارث عالم السياسة والسياسيين.

لكن هذا اللقاء لقاء للشعر.

تركْتُ ما في النفس يتكوّن في النفس كما يحلو له ليستقر هناك مع الركام المرير المخزون.

هؤلاء الناس لا ينقصهم مزيد من المرارة. ليكن في قصائدك ما يشير ولو بشكل خافت الى أن الحياة تستمر بالأحياء في نهاية المطاف.

ذكّرْتُ الأهالي بعرس المرحوم «أبو العفو» وقرأت عليهم قصيدة «غمزة» وأهديت القصيدة الى منير أبو زاكي (أينما كان):

غمزةٌ مِن عينها في العُرْسِ
وانْجَنَّ الوَلَدْ!

وكأنّ الأهلَ والليلَ
وأكتافَ الشبابِ المستعيذينَ من الأحزانِ بالدَّبْكَةِ
والعمّاتِ والخالاتِ والمختارَ
صاروا لا أحَدْ.

وَخدَهُ اللوّيحُ،
في منديلِهِ يَرْتَجُّ كلُّ الليلِ،
والبنتُ التي خصَّتْهُ بالضوء المصفّى
أصبحَتْ كلَّ البَلَدْ.

مَدَّ يُمناهُ على آخرِها.
نَفَضَ المنديلَ مثنى وثلاثاً،
رَكَّبَ الجنَّ على أكتافِهِ ثم رماهمْ وانحنى،
ركبَ الجنّ على رُكْبَتِهِ ثم رماهمْ واعتدَلْ،
قَدَمٌ ثَبَّتَها في الأرض لَمْحاً
ورمى الأخرى الى الأعلى كشاكوشٍ وأرساها وَتَدْ.

كلّما أوشَكَ أن يهوي على سَحْجَةِ كَفْ
جاءهُ مِن سَحْبَةِ الناي سَنَدْ.

يلقفُ العتمةَ كالشهوةِ مِن أعلى بروج الليلِ
حتى ضوءِ عينيْها تماماً.
يَغرَقُ الصَّدْرُ وشَعْرُ الصدرِ مِن مَيْلاتِهِ يُمنى ويُسرَى،
ثم يَسرِي عَرَقُ الظَّهرِ عَمودِيّاً تماماً.
وحياءُ القَلْبِ خَلّى كلَّ ما في القلب يَخفى،
والقميصُ الأبيضُ المُبْتَلُّ مِن أكتافِهِ حتى حِزامِ الجِلْدِ
خَلّى فَقَراتِ الظَّهرِ تُحصى بالعَدَد.

غمزةٌ أخرى ولو متُّ هنا
غمزةٌ أخرى ولو طال انتظاري للأبَدْ!

هناك لحظات يتعرّض فيها الشعر لامتحان مباغت، عندما يُلقى على مسامع جمهور لا يعنيه الأدب والشعر بشكل خاص. تعرضتُ لهذه التجربة مرتين في السنوات الأخيرة:

دعتني الصديقة هيفاء النجار مديرة المدرسة الأهلية للبنات في عمّان لقراءة شعرية أمام طالبات المدرسة. بنات الصفوف الإعدادية

والثانوية. بنات بين العاشرة والسابعة عشرة من العمر. (من الطبيعي ان لا يمتلكن تاريخا في تلقي الشعر في هذه المرحلة من العمر). والمرة الثانية هي هذه المرة.

انني ألقي الشعر أمام «أعمامي وأخوالي»، كما خاطبتهم عندما أمسكت بالميكروفون؛ أمام المختار والراعي والحراث والأمهات والجدات والمتعلم والأمّي والأطفال، تجمعهم هذه الساحة التي لم يقف فيها شاعر من قبل على الإطلاق.

في المدرسة الأهلية في عمّان وهنا في مضافة دير غسانة تبدد بعض قلقي وهدأت هواجسُ عندي حول علاقة الناس غير المختصّين بما نكتب.

في ختام الأمسية قلت لحسام:

ـ لا يوجد جمهور محايد يا صديقي. لا يوجد جمهور بريء تماما. لكل فرد تجربته الحياتية والإنسانية مهما كانت بسيطة.

لأول مرة في حياتي ألقي قصائدي أمام صفوف متتالية من ريفيين يرتدون الحطة والعقال. فيهم ابن الثامنة وابن الثمانين. معظمهم لم يدخل في حياته مسرحاً ولم يقْتَنِ ديوانا واحدا من الشعر.

بل إن مجنون القرية، عبد الوهاب، الذي عشق ابنة المختار في الخمسينات وكان يكتب فيها قصائده الغزلية المؤثرة، وكنا نحن الأطفال (ولدهشته الشديدة) نرتعد خوفا منه كلما صادفناه في القرية او في عين الدير لأنه مجنون، لم يكن مجنونا على الإطلاق!

إنه لم يوصف بالجنون إلا لأنه يقول الشعر؛ وفضلاً عن ذلك يريد، وهو المُعْدَم، ان يتزوَّجَ بنتَ المُختار!

انتهت الأمسية وبدأ الحوار مع أهل القرية.

أسئلة عن الغربة والعودة والوضع السياسي؛ لكنّ السؤال الذي ما زلتُ أذكره، جاء من سيدةٍ من الصفوف الخلفية تقول:

ـ ما هو أجمل ما رأيت منذ عودتك الى البلاد؟

قلت لها صادقا وبسرعة:

ـ وجوهكم.

نزلتُ عن المصطبة. انفعالاتي يختلط فيها السرور بالأسى الغامض.

فجأة وجدت نفسي محاطاً بعددٍ من الأطفال يقدمون لي أقلامهم ودفاترهم المدرسية وأوراقهم المقتطعة منها لأوقّع لهم عليها. كانوا يتدافعون وعيونهم فيها ذلك المزيج الساحر من الشقاوة والخجل.

لعلها لحظة جعلت السرور ينفرد بي؛ لولا ذلك الهاجس الذي ينهرني ويقول لي قف! إنه الهاجس الأكثرُ قسوةً ووجعاً:

ما الذي تعرفه دير غسانة منك يا مريد؟

ما الذي يعرفه منك أهلُك الآن؟

ما الذي يعرفونه مما مر بك ومما شكّل وجدانك، معارفك، اختياراتك، وصفاتك الايجابية والسلبية، طوال ثلاثين سنة عشتها بعيدا عنهم؟ ماذا يعرفون عن لغتك؟ لغتك التى اختلط فيها ما يشبههم وما يخالفهم، لغتك في الذهن وفي القول وفي الصمت والعزلة وفي الخصومة والرضى؟ انت لم تنتقل من سَوادِ فودَيْكَ الى شَيْبِهِما تحت أعينهم. لا يعرفون أصدقاءَك وصديقاتِك ولا عاداتك الصغيرة.

وإذا عرفوا عاداتك، هل سيقرّونها؟ موقفك من فكرة العائلات كلّها، ومن المرأة ومن الجنس ومن الأدب والفن والسياسة؟ لا

يعرفون العيوب التي تخلَّصْتَ منها ولا العيوب التي اكتسبتَها منذ تركْتَهم.

يحسبون أنك لم تأسف لقطع شجرة التين الى «هذا» الحد. لا يعرفون رضوى وتميم. لا يعرفون ما الذي جَدّ عليك في غيابهم.

أنت لم تعد ابن الأول الإبتدائي الذي كانوا يشاهدونه من زمان، يقطع هذه الساحة في طريقه الى جدول الضرب وحصة الاملاء.

فهل يتذكر الكثيرون مُفْرَدَهم؟

هم ليسوا مطالَبين بذلك أصلا. لقد مرّ بهم زمنٌ لا تعرفه أنت أيضاً. كل ملامحهم التي تتذكرها، هي ملامح ثابتة وماهي بثابتة. ألم يتغيروا هم أيضا؟

ام طلال على غير عادتها تتحدث في السياسة.

يقولون لي إن كثيراً من شباب البلد متحمسون لحماس.

ام طلال متعلقة بشجرة التين أكثر مني. لا بد أنّ قَطْع الشجرةِ كان ضرورياً في لحظةٍ لا اعرفها لأنني هناك، ولأنها هنا. هكذا بكل بساطة. ربما لو كنت انا الذي استمر في العيش هنا لهدمت او بنيت وزرعت او قطعت اشجارا بيديّ. من يدري؟ عاشوا زمنهم هنا وعشت زمني هناك.

هل يمكن رتق الزمنين؟

وكيف؟

لابد من ذلك.

هل هو ممكن؟

هل هو مستحيل؟

وهؤلاء الأولاد والبنات الصغار لو كانوا يشاهدونني مع آبائهم وأعمامهم وفي دورهم كل مساء منذ ثلاثين سنة، هل كانوا

سيطلبون توقيعي على أوتوجرافاتهم كشاعر غريب؟

* * *

اقترحَ ابو حازم أن نعود قبل حلول الظلام الى رام الله. كانت حكومة اسرائيل قد قررت إغلاق الضفة منذ وصولي بسبب الإنتخابات العامة تخوفا من عمليات حماس. التوتر العام يمكن لمسه باليدين.

الطريق بين دير غسانة ورام الله محاطٌ بالمستوطنات التي توضحها أضواؤها ليلاً، فتبدو أحجامُها الحقيقيةُ حتى للعين المستعجلة. وأكبرها مستوطنة بيت إيل على مشارف رام الله، وهي نهاية المنطقة (أ) الخاصة بالإشراف الفلسطيني.

كل الطريق واقع تحت تصنيف (ب) الذي يعني الاشراف الفلسطيني/ الاسرائيلي المشترك. أي أنّ السُلطة الفعليّة فيه للجنديّ الاسرائيليّ. و قد شرحوا لي أن هذا هو الوضع بشأن كل الطرق بين المدن والقرى الفلسطينية.

* * *

لم يكن ممكنا الذهاب الى عين الدير، مملكة عمّي «أبو مطيع» الذي قضى ثمانين عاما يبذر ويسقي ويشق القنوات ويُقَسِّم السفحَ الى « حَبائل » وسطورٍ مستويةٍ تسمح باستقرار الماء وتمنع انجراف التربة.

منذ أول القرن حتى وفاته قبل سنوات وهو «يجول» الزيتون ويأخذه الى بابور أبو سيف ليعصره زيتا يملأ الجرار.

زَرَعَ في عين الدير كل نبات يمكن أن ينمو في مناخ البلاد:

التفاح العسيلي والتين الخضاري والسوادي والبياضي والخرتماني والصفاري والزراقي والحماضي. البرتقال والليمون الجريب فروت والبوملي الرمان والسفرجل الزعرور والتوت

والبصل والثوم والبقدونس والخس والفلفل بأنواعه وألوانه، والبطاطا والقرنبيط والملفوف والملوخية والسبانخ.

كان لا يحترم الأعشاب البرية التي تنمو بغير عنايته الشخصية، كالخبّيزة والميرمية والبابونج والمُرّار والخرفيش؛ رغم أنه كان يحاول عبثاً أن يعلّمني أسماءها الغريبة وخصائصها الأغرب في شفاء الأمراض،

كان سيّدَ الماء.

استطاع وهو الأمّي الذي لم يغادر القرية أن يروي كل الجبل و كل الوادي بأقل قدر من الماء، بلا هدرٍ ولا تبديد، كأنه مهندس داهية في علوم الزراعة. كان قليل الحجم وصَفَهُ ابنهُ مطيع ذات مرة بأنه « ظَل قدّ البرتقانة » رغم كل المأكولات التي كان يزرعها ويتعهّدها برعايته.

- عين الدير خربت يا ولدي. العلّيق أكلها أكل. الواويات تسرح وتمرح فيها. روح شوف بعينيك.

لم أرُحْ. لا أريد أن أروح.

* * *

رأسي على المخدة في بيت « أبو حازم » هذا بيت آخر للمسافر. هذه مخدة أخرى لرأسي. علاقتي بالمكان هي في حقيقتها علاقة بالزمن.

أنا أعيش في بقع من الوقت بعضها فقدته وبعضها أملكه لبرهة ثم أفقده لأنني دائما بلا مكان.

إنني أحاول استعادة زمنٍ شخصيٍ ولّى.

لا غائب يعود كاملاً. لا شئ يستعاد كما هو.

عين الدير ليست مكاناً. إنها زمن. وقت.

بَلَلُ الشتوة الأخيرة الذي تقول عيوننا إنه جفّ فتكذّبها

أحذيتنا. شوك العلّيق الذي عوّد أيدينا وجنوبنا على النزيف المبكر منذ الطفولة في غروب كل يوم نعود فيه الى أمهاتنا. هل أريد أن أتشعبط على علّيقةِ الآن؟ لا. بل أريد «وقت» الشعبطة.

عين الدير هي تحديداً زمنُ مريد طفلاً وعمّي ابراهيم فلاّحاً وصياداً، فخاخه تستدرج طيورَها من أربعة جبال خضراء، لترفرف في آخر المطاف بين أصابعه الفائزة في لعبة السماء والأرض.

كان يشرح لي الكثير عن غباء العصافير التي ترى الحبّة ولا ترى الفخ. وعندما يطمئنّ الى أنني رأيت غباءها بالأذن والعين، كان يسارع الى الإضافة التي لم أفهمها تماماً في الخامسة أو السادسة من عمري:

ـ الناس يا عمي زي العصافير. كثير منهم بيشوفو الطُعم، وما بيشوفو الفخ!

* * *

«دار رعد» ليست مكاناً. هي أيضا زمن.

زمن النهوض مع صلاة الفجر من أجل مذاق التين «المقطوف على ضوء الفجر» والذي شطّبه الندى ونقرته العصافير النشيطة (لا أحد يميّز الثمرة الناضجة من الفجّة كالعصفور، العصفور لا يخلو تماماً من النباهة والذكاء).

هي زمن جِرار الزيت القادم للتو واللحظة من بابور أبو سيف الى رغيف الطابون الساخن في يدي قبل الذهاب إلى المدرسة.

وهي ذلك الاحتكاك الفجائي (البريء؟) بثدي ابنة الجيران أثناء اللعب، والذي بمجرد إحساسك به لا تعود إلى البراءة ولا تعود البراءة اليك. خَلَصْ. لقد عرفتَ الآن، ولو في هوجة اللهو، ملمس ثدي الأنثى. وما العارفُ ببريء!

أماكننا المشتهاة ليست إلا أوقاتاً.

أجل إنها أوقات.

ولكنْ مهلاً، في الصراع تكون المسألة هي المكان.

نعم. المكان.

كل القصة في المكان.

يمنعونك من امتلاكه فيأخذون من عُمرك ما يأخذون. عندما سألني صحفيٌ عن معنى الحنين بالنسبة لي، قلت له شيئا قريبا من هذا. انه كَسْرُ الإرادة. بالتالي لا علاقة له برخاوة الذكرى والاستحضار.

لكثرة الأماكن التي رمتنا إليها ظروف الشتات واضطرارنا المتكرر لمغادرتها، فَقَدَتْ أماكِنُنا ملموسِيَّتَها ومَغزاها. كأنّ الغريبَ يفضّل العلاقة الهشة ويضطرب من متانتها. المشرّد لا يتشبّث. يخاف أن يتشبث. لأنه لا يستطيع. المكسور الإرادة يعيش في إيقاعه الداخلي الخاص.

الأماكن بالنسبة له وسائلُ انتقالٍ تحملُهُ إلى أماكنَ أخرى. إلى حالاتٍ أخرى. كأنها خَمْرٌ أو حِذاء.

لا تقبل الحياة منا أن نعتبر الإقتلاعات المتكررة مأساة. لأن فيها جانبا يُذَكِّرُ بالمَسْخَرة. وهي لا تقبلُ منا أن نتعوّدَ عليها كنُكْتَةٍ مُتَكَرِّرَة. لأنّ فيها جانباً مأساوياً.

إنها فقط تعلّمنا الرضى بالمصير الوحيد المقترح علينا.

تروضنا.

تعلّمنا التعود. كما يتعوّد راكب الأرجوحة على حركتها في اتجاهين متعاكسين. أرجوحة الحياة لا تحمل راكبها الى أبعد من طرفيها: المأساة والمسخرة.

العالم يواصل تأرجحه.

الغَبَشُ الخفيف يغلّلُ الأفقيْن على جهتيها.

في القاهرة، صبيحة ذلك العيد التاريخي الكئيب، كانوا ستةً من المُخْبِرين. عندما سَقَطَ من حَبْلِ الغسيل ذلك القماط الذي ما زال مبلولاً من أقمطة تميم وخرجتُ لِجَلْبِه، رأيتُهم:

كانوا ستة مخبرين في سيارة مباحث أمن الدولة.

قلت لرضوى:

_ جاؤوا.

* * *

5

الإقامة في الوقت

اقتادوني الى دائرة الجوازات في مجمّع التحرير. ثم أعادوني في المساء الي البيت لإحضار حقيبةِ السفر وثمنِ تذكرة الطائرة. في الطريق الى سجن «ترحيلات الخليفة» انتظارا لقرارهم النهائي، كنت أنظر الى شوارع القاهرة نظرةً أخيرة. أرجوحة المأساة والمسخرة تهتز بي مع اهتزاز سيارة الجيب واهتزاز شكل الأيام القادمة. الرجال الستة خصصوا واحدا منهم لمراقبتي وأنا أعد حقيبة ملابسي وجلس الخمسة الآخرون أمام تلفزيون بيتنا وبدون استئذان يشاهدون على الهواء مباشرةً خطبةَ الرئيس في الكنيست.

ماذا تحمل الأيام لهذا الطفل ذي الشهور الخمسة ولرضوى ولي، ولنا؟

في الطائرة فقط، في مقعدي في الطائرة، فكّوا الكلبشات من معصميّ. قلت للجالس بجواري وبصوت فكاهيّ:

- وداعاً يا افريقيا.

لم أقم بأي فعل لمعارضة زيارة السادات لإسرائيل. كان ترحيلاً وقائياً ونتيجة وشاية، كما تبين بعد سنوات عديدة، لفّقها زميلٌ معنا في اتحاد الكتاب الفلسطينيين!

الحياة تستعصي على التبسيط كما ترون!

* * *

ومن بغداد إلى بيروت إلى بودابست إلى عمان الى القاهرة ثانية، كان من المستحيل التشبث بمكان. لأن إرادتى فيه تصطدم مع ارادة صاحب المكان. إرادتي أنا هي المعرضة دائما للإنكسار.

أنا لا أعيش في مكان أنا أعيش في الوقت. في مكوّناتي النفسية. أعيش في حساسيتي الخاصة بي.

أنا ابن جبل واستقرار. ومنذ تَذَكَّرَ يهودُ القرن العشرين كتابَهم المقدّس، أصابني الرحيل البدويّ. وما أنا ببدويّ.

لم أستطع تكوين مكتبة منزلية متصلة أبداً. تنقلت في البيوت/ المحطات والشقق المفروشة وتعودت على العابر والمؤقت.

روّضت نفسي على ذلك الشعور بأن بكرج القهوة ليس لي. فناجين قهوتي من ممتلكات المالك ومن مخلفات المستأجر السابق. حتى كسر فنجان منها، يتخذ معنى آخر. الصدفة العقارية وحدها هي التي تختار لي شكل ملاءات سريري، حجم مخدتي، ستائر نوافذي، طنجرة الطبخ، ملعقة الشاي، كلها هناك كما شاءت أو كما شاء الآخر، لا كما تشاء أصابعي. لا أنتقي. الصدفة تنتقي.

تخليت أكثر من مرة عن كل ما ربيته من جيرانيوم على الشرفات المتغيرة باستمرار وعن نباتاتي الداخلية مثل اليوكا والسينجونيوم والدراسينا والشوفليرا ورِجل الدبّ والفوجير. أختار لها أصص السيراميك البيضاء، أتفنن في تنسيقها ورعايتها وأغسل أوراقها بالبيرة، ورقة ورقة، أغمِسُ قطعةً من القماش القطني ذي المسامات في البيرة، وهي أفضل وأرخص من المستحضرات الكيماوية، أضع الورقة في يدي اليسرى ثم أمسح سطحها بالقماش المبلول بيدي اليمنى الى أن يصدر عنها ذلك اللمعان المدهش

الذي يذكّرني بضربة الختام في السيمفونيات، أنتقل من ورقة إلى أخرى ومن فرعٍ إلى آخر، بنفس الحرص والعناية. أدير لها آلة التسجيل التي تبثّ الشريط الموسيقي بلا توقّف وأتركها دائرةً حتى وأنا خارج البيت. أبدأ صباحاتي بلمس أوراقها وفروعها وملاحظة رطوبة تربتها. أراقب درجة انجذابها نحو ضوء الشمس القادم من النافذة أو من الشرفة. ولأنني أحب للنبتة أن تكون منسجمة الأطراف والزوايا والإستدارات، أنقلها من مكانها الى نقطة أقرب للشمس لأجعلها تواجه الضوء بجانبها الذي كان محجوباً. أتركها في وضعها الجديد أياماً تكفي لضبط إيقاع أوراقها وأنغام نموها الى الأعلى، الى فوق، ثم أعيدها الى مكانها المعهود في الغرفة. أحيانا أسند بعض فروعها بعيدان خاصة أشتريها من أفضل المحلات المتخصصة. وأحياناً أربطها الى خيوط شفافة لا تكاد تُرى وأمدد الخيوط الى اتجاهات محددة أتخيلها تناسب مستقبل النبتة وهي تنمو وتكبر. وأهيئ لها مزيجاً من الضوء والهواء والصداقة الشخصية. . . وأغادر. دائما أغادر!

أستغني عن مقتنيات الغربة بشكلٍ روتيني خالٍ من المشاعر، إلا في حالة توزيع نباتاتي المنزلية على أصدقاء البلاد التي تتركني أو أتركها. لكنني في المطارات وعلى نقاط الحدود وفي حجرات الفنادق المؤقتة أنسى كل ما ورائي وأسأل عن شكل «الأيام» المقبلة. شكل الوقت لا شكل المكان.

في المنافي والأسفار المباغتة، يدخل الفندق الى أسلوب حياتك. كان المفترض نظرياً أن أكره حياة الفنادق لما فيها من معاني تؤكد مؤقتيّة الحال والاستعداد الوشيك للرحيل مرة أخرى. ربما يقتضي المجاز أن أكرهها. ولكن تبين لي من واقع الحال أن الحال ليس كذلك بالضبط. ارتحت لحياة الفنادق. الفندق علمني عدم التشبّث بالمطرح. روّضني على قبول فكرة المغادرة.

بالتدريج، ولكثرة الأسفار القصيرة من بلد الى آخر بدأت أحب الفندق كفكرة. إنه يعفي من تخليد اللحظة ولكنه في الوقت نفسه مسرح لفصول صغيرة ومفاجآت في المرئي والمسموع، وتوسيع لمحيط الحياة الرتيب. في الفندق، أنت معرّض للمدهش الذي لا يتكرر. الفندق يكسر مألوفك بمألوفه الطارئ.

الفندق يعطيك شيئاً من نكهة الخلودات المؤقتة.

تستلم رسائل الأصدقاء كلما عدتَ من مشوار قصير. إنه يكوّن لك، على الفور، مجتمعاً صغيراً من أصدقاء المدينة الجديدة التي وصلت إليها للتو، شبه عائلة من الذين يهتمون بأمرك لبضعة أيام أو لبضعِ ساعاتٍ في اليوم.

في الفندق تسقط دولة الجار الدائم الإنتباه لجاره. لا وجود لفخاخ الواجب الإجتماعي. إنه المكان الذي تتمجّد فيه دولة الكسل و«التنبلة». تغادره وتعود إليه في الساعة المرتجلة. هو إغراء بيوم مفتوح على مصراعيه.

في الفندق لستَ مسؤولا عن رعاية النباتات، ولا عن ماء المزهرية التجارية التي يضعون نسخاً مكرّرة منها في كل غرفة. هذه مزهرية لا تتألّم لفراقها. ولا تمتلك مكتبة ضخمة تحتار في تبديدها على المعارف والجيران قبل الرحيل القسري أو المخطط له غالباً من قِبَل الآخرين.

لا توجد أية قسوة في تركك اللّوْحات المعلّقةَ على جدران غرفتك، لأنها ليست من مقتنياتك أوّلا، ولأنها، ثانياً، قبيحة في معظم الحالات.

* * *

تأملتُ المضافة التي وقفتُ على مصطبتها.

ها هو مكاني الأوّل.

وجوه رجالها بملامحهم المميزة وأصواتهم تعاودني مرة اخرى. أم هو خيالي يقترضهم من موتهم الطويل فجأة؟

يظهرون ويختفون أمامي بخصالهم الحقيقية وخصالهم التي ألصقتها بهم الألسنة وفنون النميمة المحببة التي يقال ان البراغثة هم فرسانها. كان المرحوم عبد الرحيم عمر يقول إن في رام الله مسلمين ومسيحيين وبراغثة!

كبار السن ينقلون نوادر المضافة لأبنائهم جيلاً بعد جيل؛ فتُكسى بالمبالغات والإضافات حسب خفة ظل من يتناقلونها. بعضها نُقِلَ لي من أبي وبعضها من أبو حازم لكن معظمها مخزون برواياته الأصلية في ذكريات أبو كفاح والمعتدل. وأبو كفاح لا يستهدف أحدا بقدر ما يستهدف خالاً له يدعى سميح وخالاً ثانيا هو ماجد. أما المعتدلَ فكان لذكائه يجالس الكبار منذ شبابه المبكر ويقضي كل اجازاته من عمله في السعودية على المضافة. ها هو أبو عودة يجلس في إبعد ركن على الحصيرة (القرب والبعد عن صدر الحصيرة ومركزها يتعلق بثراء الجالس أو فقرِه) فيقول في إحدى مسامرات الصيف الهادئة وعلى غير توقع من أحد:

ـ هل تعرفون كيف يميّز الناس بين التيس (أي الغبي) والذكي؟

ـ كيف يا أبو طُنُبْ؟ (وقيل إنه مُنح هذه الكنية بسبب إلحاحه المبكّر على أبيه كي يزوّجه، والطنب عندهم هو القضيب الطويل) فقال:

ـ التيس بتكون لحيته عريضة.

لم يعلق أحد على ذلك، لكن المختار الجالس في صدر المضافة كان يرفع يده اليمنى ببطء ويتحسّسُ لحيته خلسة! فقهقه المجلس كله!

ومن طرائفه أنه قال لهم مرّة:

ـ والله بلدكم يا اهل دير غسانة بلد نفاق. اذا أبو عودة نطق

بالدّرر بتقولوا ما سمعناش، واذا المختار ضرط بتقولوا ريحة مِسْك!

وها هو «بسمارك» أبو المعتدل صاحب التدابير الغامضة في شؤون القرية، والذي حصل على لقبه الغريب عن جدارة لا تشير الى خطورته فقط بل تشير أيضا الى خطورة إدراك الذين أطلقوا عليه هذا اللقب بالذات.

ولا أعرف بالضبط خلفية ألقاب كثيرة أطلقها الناس على الناس في دير غسانة وظلت متروكة لاستنتاجاتنا نحن الصغار. كانت الكنى والألقاب الساخرة تتحوّل فوراً الى أسماء تحل محل الإسم الحقيقي للشخص.

الذي يتحدث أو يتحرّك ببطء يسمّونه «سلبد».

قصير القامة يسمونه «الجرن».

الطويل القامة يسمونه «أبو مْغيط».

الأكول يسمونه «أبو الثرايد».

الهامل يسمونه «طُزّو» وهكذا.

أما فخري (ابن خالي أبو فخري) فهو مسؤول، وحده، عن لصق عشرات الألقاب بأهل البلد. ومن ألقابه المأثورة «الدونم» للضخم الجثّة و«الدبعي» للشديد السمنة و«مسيلمة» للشخص المعروف بكثرة الكذب و«المستطيل» وهي واضحة المعنى. كان فخري بدلاً من أن يقول لك إن فلاناً شديد اللؤم، يكتفي بالقول إنه «حليب»!

قال مرة يتهم شخصاً بالبخل إنه دعاه الى غداء مكون من «أربع حبّات بازيللا»!

ومن ألطف التشبيهات التي سمعتها في زيارتي هذه المرّة عن صديقين لا يفترقان أنهما مثل الكلينكس ما ان تسحب ورقة من

العلبة حتى تظهر الثانية فوراً.

وهاهو أبو زهير، داهية دير غسانة بلا منازع الذي زوّج ابنه «زهير» من فتاة وتزوج هو شقيقتها بعد ذلك وهو في السبعين وأنجب الشهيد «عدلي».

وها هو أبوسيف بمهابته وجسده العملاق، أكبر ملاّكي الاراضي في القرية وخارجها. أقام اليهود مستوطنةً على أراضيه في قرية «ملبّس» وأسموها «بتاح تكفا». هو صاحب البابور (معصرة زيت الزيتون) في دير غسانة. تزوّج فتاة من الشام تصغره بستّين سنة!! وانجبت له ولداً قبل موته بشهور! ها هو «أبو جودت» بكرمه ونعاسه الدائم. وأبو طَلَب الذي كان يقدم القروض للمحتاجين بفوائد. وها هو أبو مطيع بصمته الدهري كأن هذه الحياة الفانية لاتعنيه. مع أنها تعنيه. كانت زوجته حاكمة (هذا هو اسمها الحقيقي) سألتها مرة عن أخبار أحد أقربائنا في الكويت فقالت بنبرة الفخر والإعتزاز:

ـ الحمد لله وضعه فوق فوق، الله يرضى عليه. ثلاجات، غسّالات، مكيّفات، فيديوهات، راديوات، سيارات، بضربة مفكّ... بيصلّحهن!

وها هو خالي ابو فخري يتحدث عن ايام انخراطه في الجيش التركي وفي سلاح الزنّار الأحمر وتنقله مع ام فخري وراء وظيفته. كان يذهب الى اللحّام في رام الله ويفطر في الصباح الباكر وعلى الريق كباباً وكبدة. له أجمل ضحكة رغم سنّه الذهبيّ لان ضحكته تتكون أساسا في عينيه.

هذه صورهم في الذاكرة. لكنها ليست صورهم الوحيدة.

الكاميرا المركّبة في تلك الزاوية التي تبرز محاسنهم سوف تعطي صوراً أخرى عندما تنتقل الى الزاوية التي تبرز المآخذ الكثيرة فيهم وفي زمانهم الذي انقضى ولم ينقضِ.

من بين هؤلاء الرجال الذين هم زينة المضافة قام نفر ذات صباح شتائي يقتادون طفلتين في الصف الرابع الإبتدائي عبر الساحة كلها وأدخلوهما الى الجامع وطلبوا من الطفلتين تسميع سورة من سور القرآن.

تلعثمت الطفلتان.

ـ شو بيعلموكم إذاً في المدرسة؟

ـ إملاء وحساب ورسم وأناشيد.

عادوا بهما الى بيتنا وبيت المختار. فواحدة منهما كانت ابنة المختار، والثانية كانت الطفلة سكينة محمود علي البرغوثي، التي ستصبح فيما بعد أمّي.

خرج أبو مطيع وأبو المعتدل وأبو زهير وغيرهم بقرار لن تنساه أمّي التي تحكي لنا هذه الواقعة بأدق تفاصيلها وهي في حالةٍ من القهر والغضب، كأنها تعيش اللحظة مجدداً في كل مرة ترويها.

كانت مَدْرسة البنات في «دير غسّانة» تعلّم البنات حتى الصف الرابع الابتدائي فقط. ولم يكن ذلك لصعوبة اضافة صفوف دراسية أخرى ولا لقلة المدرّسات في فلسطين. ولكن لان البنات بعد الصف الرابع يصبحن في نظر القرية نساءً ينبغي «خزنهن» في بيوتهن انتظاراً للعريس، ويجب أن يتوقفن عن الخروج من البيت حتى ولو إلى المدرسة.

في ذلك العام وصل الى القرية مدير مدرسة «الفرندز» للبنات في رام الله وقرر أن يقدّم منحةً دراسيةً للطالبتين المتفوقتين في الصف الرابع الإبتدائي لإكمال دراستهن حتى الثانوية العامة في مدرسته في رام الله. وقال إنهما ستقيمان في القسم الداخلي أي في سكن الطالبات. وستقدم لهما المدْرسة كلّ الرعاية وكل المصاريف اللازمة.

جن جنون رجال المضافة من الفكرة.

ـ هذه مدارس تبشير تفسد عقول البنات.

ـ المُدرّسات في البلد لا يطلبن من البنات حفظ القرآن.

ـ فما بالك لو أخذوهن الى رام الله!

كانت فرحة الطفلتين وحماستهن لإكمال تعليمهن فرحة أخرجت المضافة عن صوابها. اهتدى «بسمارك» الى فكرة امتحان الطفلتين في حفظ القرآن.

ـ اسمعي يا ام عطا، بنتك ممنوع تروح على رام الله. مفهوم؟ خذيها واخزنيها في الدار. بنتك غاسل وممنوع تظل تلعب في الساحة. مفهوم؟

لم يتدخّلوا لمنع ابنة المختار من إكمال تعليمها.

أما أمي فقد ذهبت بدلا منها طفلة أخرى لم يكترث أبواها لاعتراضات القرية اسمها فوزية. أديبة، ابنة المختار، واصلت تفوقها وحصلت على شهادة الفرندز الثانوية بالفعل بعد ذلك، واصبحت مدرّسة ثم مديرة مدرسة مرموقة في فلسطين. أما فوزية فلم تتكيف مع وضعها الجديد وعادت الى القرية بعد فترة.

الطفلة سكينة بنت محمود علي البرغوثي هي وحدها التي تم منعها من نيل فرصتها الوحيدة في التعليم. لأنها يتيمة. مات والدها وعمرها سنتان تقريبا. وترك أمها (جدتي) حاملاً بجنين لم ير النور إلا بعد وفاته.

أراد أهل زوجها المتوفى أن يطردوها من الدار. فما الذي يضطرهم لرعاية أرملة تحمل على حِجْرها طفلة وفي بطنها جنيناً وأيضا ليست ثريّة؟

ـ ارجوكم. خلّوني في الدار كم شهر بس. حتى ألد. مش يمكن الله يكرمني ويكون اللي في بطني ولد ذكَرْ؟

ـ اتفقنا. بس يكون في معلومك، اذا جبتي بنت ثانية، بتحملي

حالك والبنتين وبترجعي على دار أهلك.

جاء المولود ذكراً. أسمته عطا الله. هذا المولود أصبح فيما بعد خالي عطا. وبهذه الطريقة فقط سمحوا لجدتي أن تظل في دار رعد. دار زوجها الراحل. كانت لم تتجاوز العشرين من العمر. ترعى يتيمين بمفردها. هجم الطامعون في الأرملة الشابة يتقدمون لطلب الزواج منها. قال لها أبو عودة:

- جَمَلْ مطرح جَمَلْ بَرَخْ.

كما طلبها للزواج أبو محمود (الجرن) وظل يلحّ في الطلب وطلبها آخرون وهي تواصل رفضهم جميعا. فابتدأ الاضطهاد وسوء المعاملة. كان بوسعهم الاستبداد بها ولكنهم لم يتمكنوا من كسر عزمها على أن تنذر حياتها كلها لطفليها اليتيمين خالي عطا وسكينة أمي.

عاشت ستي أم عطا أكثر من تسعين عاماً وفي سنواتها الأخيرة فقدت البصر. وتوفيت عام 1987 . كانت خفيفة الظل ولها أسلوبها الخاص في كل ما تقول.

ذات يوم كانت تجلس في ركنها المعهود في المنزل وكانت ام طلال في بيتنا ترعاها في فترة سفر والدتي للعلاج. وفجأة وبدون مقدّمات قالت ستي لأم طلال:

- افتحي لي البرندة يا رتيبة

- ليش يا ام عطا؟

- بدي أرمي حالي واخلص منّك!

عندما أقمت مع أسرة خالي عطا في الكويت وكانت هي معنا في ذلك الوقت، كنت أقف وراءها وهي تصلّي دون أن تراني. وعندما تميل بوجهها في ختام الصلاة قائلة « السلام عليكم» أفاجئها بقبلة على خدّها فتنتفض مادة يدها لتضربني قائلة لي وهي

تلمح إلى علاقتي برضوى ونيّتي في الزواج منها:

- روح بوس المصريات صاحباتك!

ستي لم تتزوج أبدا منذ وفاة زوجها. رحلت عن الدنيا أثناء إقامتي في في بودابست.

في يَوْمِها الأخير
جَلَسَ المَوْتُ في حُضْنِها
فَحَنَّتْ عليه، ودَلَّلَتْه
وحَكَتْ له الحكاية.
وناما في وقتٍ واحِدْ.

وكالعادة كنت بعيداً ولم أشارك في وداعها الأخير.

❊ ❊ ❊

هذه أيضا صورة من صور رجال المضافة.

إنها حياتنا وحياتهم بما لها وما عليها. من حقنا أن نحياها وأن ندافع عنها. نعم. عن هذه الحياة التي تقسو أحيانا وتخلو من أيّة مثالية. هذه صورة من صورنا أيضا. ستي التي انتقلت من «دار عبد العزيز» لتتزوج في «دار رعد» تُعامَل كغريبة. تُعامَلُ كوافدةٍ من شعبٍ آخر! من كوكبٍ آخر!، رغم ان المسافة بين الدارين هي صفٌ من اشجار اللوز لا يزيد امتداده عن مائة متر.

هذه صورتنا أيضا. ستي التي كان مولودها الذكر سببا في منحها حق البقاء قي دار زوجها بالغت اشد المبالغة في الاهتمام به على حساب ابنتها الأنثى. ولكنها في كل الأحوال كانت مغلوبةً على أمرها تماماً، وبالتأكيد أضعف من أن تتمسك بحق البنت في التعليم والسفر الى رام الله.

بعد ان تجاوزت الخمسين من العمر، التحقتْ أمّي بمدارس

الكبار لتروي عطشها للعلم والتعلُّم. ونقلتْ لنا درسها الكبير، وهو أن أعظم قيمة في الحياة على الإطلاق هي العِلْم. أي تعليمنا نحن. وانه يستحق التضحيات كلها.

كانت فدوى طوقانِ في زيارتنا يوماً في عمان. وأهدتنا كتابها «رحلة جبلية، رحلة صعبة» وكانت أمي أول من قرأ الكتاب. بعد أن انتهت منه فوجئت بها تقول لي:

ـ أنا رحلتي أصعب. فدوى ما شافت اللي أنا شفته يمّه.

في سنواتي الجامعية كنت أشعر انني أتعلّم من أجلها فقط. أي من أجل أن أراها سعيدة. كنت أستحي من الفشل حتى لا أجلب لها التعاسة. وزاد من ذلك الشعور أنها اختصرت معاني حياتها في معنى واحد هو نحن، أولادها الأربعة. أما كل الآخرين فتحبهم على قدر محبتهم لنا. أولادها هم العالَم. وكان هذا مِن العيوب التي تراها هي ميزة.

لا تتحمل سفر واحد منا الى أي مكان. والمفارقة الموجعة أننا جميعاً سافرنا بعيداً وسافرنا طويلاً.

أمّا أجملنا وأغلانا فقد سافر بلا عودة. سافر إلى الأبد. وكان عليها أن تتحمّل.

كانت ترتب في خيالها عالماً مرتّباً يريحها. عالماً تتم الأمور فيه كما تهوى بالضبط وعلى الطريقة التي تفضّلها. كأنها تودّ الخروج الى كوكبٍ يخصّها وحدها.

تَوَدُّ الخروجَ الى كوكبٍ خارجَ الأرضِ
حيث تعجّ الممرّاتُ بالراكضين إلى غرفةٍ مِن سِواها،
وحيث الأسِرَّةُ في الصبْحِ فوضى،
وكلّ المخدّاتِ تصحو مُجَعْلَكَةً،
قُطْنُها غائِصٌ في الوَسَطْ.

تريد اكتظاظَ جِبالِ الغسيلِ وأُرُزاً كثيراً كثيراً تُفَلْفِلُهُ للغداءِ
وإبريقَ شايٍ كبيراً كبيراً يفور على النار عَصْراً
ومائدةً للجميعِ، مساءً، يُنَقِّطُ مفرشَها سِمْسِمُ الثرثراتْ.

تريدُ لِشَهْقَةِ رائحةِ الثُّوْمِ في الظُّهْرِ أن تَجْمَعَ الغائبينَ
ويُدهشها أنّ باميةَ الأمِّ أضعفُ مِن سَطْوَةِ الحاكمينَ
وأنّ فطائرَها في المساءِ
تجفّ على شرشفٍ لا تُنَطْنِطُ فيه الأيادي
وهل تسع الأرض
قسوة أن تصنع الأم فنجان قهوتها، مفرداً،
في صباح الشتات؟

تودُّ الخروجَ الى كوكبٍ خارجَ الأرضِ
حيث الجهاتُ جميعاً تؤدي إلى مرفأ الصدرِ
ملءَ خليجِ الذراعينِ،
تستقبلان ولا تعرفان الوداعَ
تريد من الطائرات الرجوعَ فقط!
والمطاراتِ للعائدينَ
تَحُطُّ بها، ثم لا تُقْلِعُ الطائراتْ!

والحب عندها شغل. انتباه. أن تنتبه لمن تحب. أن تتعب من أجله. أن تصنع بيديها وبجهدها كل ما يمكنها أن تصنعه. من تدبير شؤون اليوم الى تدبير شؤون العُمر. من إتقان المخللات في مواسمها إلى الخياطة والتطريز واستخدام المتروكات القديمة في صنع مُبْهِراتٍ جديدة (نجّدت بيديها مقاعد صالون قديم لا تصلح لشيء فقامت بعمل نجار ومنجّد ومصمم معاً وأعادتها جديدة!)

إلى إشرافها المضني، وحدها، على بناء بيت يصلح لإقامة الجميع مع زوجاتهم وأولادهم فتناقش المهندسين في خرائطهم التي تدوخ العين من التحديق فيها. قال لي المهندس المشرف على بناء البيت إنها اعترضت من واقع الخرائط الهندسية على مكان المطبخ!

ـ المطبخ المرسوم في الخارطة راح يكون معتم. خلّوه شرقي مش غربي. بدّي تغيّروا مطرحه.

وقال لي:

ـ غيّرنا المطبخ فعلاً. وكان عندها حق.

كلما رأيت بعض المحترفات الحزبيات والواحدة منهن تلوك الجمل الثورية وتسمّعها تسميعاً ازددت إيماناً بثورة العمل المادّي الذي تنجزه أمهاتنا في حياتنا اليوميّة دون ضجة ودون تنظير.

عندما قرأت سيرة حياة «جياكومتي» أذهلني حديث «إيف بونفوا» عن والدته ودورها في حياته. كانت السيدة أنيتا جياكوميتي ذات شخصية قوية وساحرة:

> «كانت هي المركز. هي الحارس المتنبه والصامت. تصون تقاليد حياةٍ بأكملها بمجرد وجودها فقط. هي مصدر قوة الأسرة كلها. هي التي تعرف الأشياء، تقرر الحقائق، تُميّزُ القِيَمْ. وتُحدّد ما الذي على المرء أن يحتاجه، وما الذي عليه ان يقرره. هي التي تعبّر عن وجهة نظرها فتصبح في معظم الحالات أمراً يجب أن يُطاع، سواء في الشؤون اليومية أو في المآزق والأزمات الكبرى».

في أمي كثير من هذه الصفات، بالإضافة إلى جمال مستقرّ يتناسب مع سنواته، ومقدار من الأنثوية التلقائية المختبئة بهدوء

والمتوارية حتى عن وعي صاحبتها.

لكن رغبتها في بسط الحماية على الجميع تعكس رغبتها في إبقائنا أطفالاً أطول فترة ممكنة!

وهي عنيدة عناداً كان يثير إعجابنا حينا لكنه في أحيان أخرى كان يثير التعجّب.

أسلمها أبي مقاليد المنزل وإدارة شؤون حياتنا. ترك لها كل القرارات الحاسمة والجوهرية. واكتفى بالموافقة. كان يكبرها بخمس عشرة سنة. أبي هادئ الشخصية، إلى حد لم يستطع معه مجاراة إيقاعها الناريّ ومبادرتها الفوّارة. وساهمت طيبته الفائقة في معاملتها بسماحة وإقرار. كان يرى أن الصواب هو ما تقرره هي. انه لم ينل لقب «الحنون» عبثاً فقد كان وديعاً. وكان، بصبره الهنديّ مقتنعاً بالحياة كما هي.

أما أمي فلا حدّ لطموحها.

ما لم تتمكن هي من تحقيقه تتوقع أن يحققه أولادها. وما لم نحققه نحن تتوقع أن يحققه أحفادها. وهي على ثقة دائماً أن «المرء يستطيع إذا أراد».

وما تزال الى الآن، وقد تجاوزت الخامسة والسبعين من العمر، روحاً متمرّدةً على كل تزمّت اجتماعي. ولا تكف عن العمل في المنزل وحديقته الصغيرة، تزرع وتسقي وتبني الأسوار الصغيرة وتنقل بيديها الحجارة التي تحتاجها لبناء مدرّج صغير هنا أو تخطيط برواز لحوض الورود هناك. ويدها خضراء. لا تزرع عوداً في الحديقة أو في قوّار إلا ويعيش وينمو «ويفرعن». وعندما تحدثك عن أشجارها في الحديقة تقول لك:

ـ هذه الشجرة «جاهلة».

أي أنها ما تزال أصغر سناً من أن تثمر.

أو تقول:

- شجرة «هبلة»

عندما تكون كبيرة ويتأخر إثمارها.

كلما زارنا ضيف عزيز قدمت له شتلة من الريحان أو العطرة أو الدوالي أو السجادة أو الجاردينيا فإذا ذبلت في بيوتهم، أعادوها لها كي ترعاها و«تعالجها»، فتنمو بالفعل مرة أخرى.

كان لستي ام عطا شقيقة وحيدة تزوجها الخال أبو فخري. ورثنا حبه والتعلق به لأنه وقف بكل طاقته الى جانبها وقدّم لأمي وشقيقها حنان الأب دون تسلط الآباء. أخذت ستي طفليها وأقامت مع شقيقتها أم فخري وكان هوالذي يرعى الأسرتين ويتحمل مسؤولية الجميع في الحلوة والمرة.

* * *

استيقظوا أمامي بحكاياتهم الرائعة. بحكاياتهم الشريرة. أقصد في الوقت ذاته. كانوا أبناء خصالهم وزمانهم.

كنت أراهم في حلقة الدبكة متشابكي الأكتاف يرفعون كوفياتهم البيضاء لتموج عاليا في هواء الساحة، القاسي منهم والحنون، الكريم منهم والبخيل، يرقصون على بحّة شبّابة القصب، فرحين بشاب يزوّجونه أو بعروس تدخل قريتهم، متشابهين متوازين كأسنان المشط.

وكان علينا أن ننتظر طويلاً قبل أن تعلّمنا الحياةُ عبر رحلتنا الطويلة باتجاه الحكمةِ والحزن، أنه حتى أسنان المشط، لا تتشابه في الواقع!

* * *

6

عمّو بابا

في الصباح ذهبت بصحبة « أبو حازم» لنتفرّج على دار خالي «ابو فخري»

ـ شو بدكم ؟

صاح بنا صوت شاب أطل علينا من شرفة بناية مجاورة.

أجابه أبو حازم:

ـ هذه دار قرايبنا. بدنا نشوفها مش أكثر.

استوقفتني إجابة الشاب عندما قال:

ـ لكن إحنا معنا عقد ايجار رسمي!

الطوابق الثلاثة ذات الأقواس، الحجر الأبيض المدقوق، حديقة الليمون الصغيرة بجوار الدار ببوابتها الحديدية اللطيفة كلها مكسوة بالصدأ. من الواضح ان يداً لم تمتد لصيانتها منذ 1967 .

ـ تفضلوا .

أضاف الشاب . شكرناه وغادرنا المكان.

ارتيابه بنوايانا أمر مفهوم. الكل خائف على ما لديه هنا. كثيرون سجلوا ممتلكاتهم في البلاد بأسماء أقربائهم حتى لا

يصادرها الإحتلال بحجة أنها أملاك غائبين. هكذا تم إنقاذ الأراضي والمنازل الفلسطينية التي يعمل أصحابها في الشتات. هكذا تم الاعتناء بغراس الزيتون ورعاية التربة من حراثة وقلب وثني وتمشيط وتعشيب وريّ الخ. ولولا الثقةُ المتبادلةُ بين المغادرين والمقيمين لصادرتْ إسرائيل كل شيء.

وللحقيقة فان بعض الأفراد من الطرفين كان يتصرف في هذه الدنيا على أساس أن عودة الغائب معجزة لن تتحقق.

زَهَدَ بعضُ الغائبين في متابعة شؤون مستحقّاتهم وممتلكاتهم.

وزَهَدَ أهلُ الداخل في الإيفاء بتلك المستحقّات أحياناً.

وإلى جانب قصص الوفاء الباهرة، والتزام المقيمين بحقوق الغائبين دون تعهداتٍ مكتوبة أو توكيلاتٍ قانونية، إلا أن القليل منهم استولى بالفعل على ما أؤتمن عليه، ويرفض الآن أن يعيده لصاحبه الأصليّ. (الحياة تستعصي على التبسيط كما ترون!) هناك عدد قليل من المقيمين يخشى مطالبةَ العائدين بما كان لهم قبل الإحتلال، من زيتونٍ أو بيوتٍ أو شققٍ أُجِّرَتْ بأرخصِ الأسعار، لمجرد بقاء السكان فيها كنوع من حمايتها.

أذهلني ما قاله أبو باسل الذي جاء مع من جاء للسلام عليّ، من أنه كان سَجَّلَ بيتَهُ وأرضاً لهُ باسم أخته أثناء عمله في السعودية. وعندما حصل على لمّ شمل وعاد الى دير غسانة اكتشف أن شقيقته سجلت البيت والأرض باسم أبنائها هي ولم يجد لنفسه مكاناً يقيم فيه. لا أحد يرضى أن يلجأ لمحاكم الاحتلال أيا كان السبب ومهما كانت الخسارة. لكن الضغائن تتزايد بين أفراد العائلة الواحدة هذه الأيام.

منذ بدأ البعض في الرجوع الى فلسطين بعد الاتفاقية مباشرة سمعنا عن حالات مماثلة لحالة أبي باسل. حتى انني مع بعض الأصدقاء قررنا أن الوضع يغري بكتابة مسرحية فكاهية حول تبدّل

مصائر بعض الناس الذين نعرفهم نتيجة للوضع الجديد وأخذ كل واحد منا يضيف سطراً الى ما يقوله الآخر :

- يعود فلان الى دير غسانة ويطالب ابن عمه باعادة حقل الزيتون الذي كا ن يتعهده مقابل أجر معلوم،

- لكن صاحبنا الذي ذاق طعم الملكية لثلاثين عاما واستحلى مذاقها يقول له بهدوء:

- لا شئ لك عندي بلّط البحر او اضرب رأسك في الحائط اذا شئت.

- سكتة قلبية على الفور.

- الزوجة تشاهد زوجها ميتا فتجنّ.

- الأولاد يرون أمهم جنّت لموت أبيهم فيقتلون ابن عمهم.

- العم العجوز يرى هذه المجزرة الشكسبيرية في دير غسانة فينتحر بصفيحة كاملة من الكاز يدلقها على رأسه.

- الكاز ينتشر الى أركان البيت، فالبيوت، فالمضافة، فالضيوف، فالبيادر القريبة، دير غسانة تحترق.

- على وزن باريس تحترق!

- خيالك واسع.

قال أبو عوض ونحن نلعب الورق في ليلة أغلق الثلج فيها عمّان وصاح:

- طرنيب!

وسألني:

- صحيح انكم كنتو تلعبوا طرنيب في بيروت؟ في عز الحرب الأهلية؟

- نعم. صحيح. قلت له.

- والله ما بتستحوا. طرنيب؟!

* * *

كنا بالفعل لا نجد ما نفعله في ليالي القصف وحواجز الطرقات والذبح على الهويّة سوى لعب الورق. أقول للدرهللي وأنا أطرنب الآس البستوني الذي يعتز به:

ـ يا عيني على ستّي ام عطا. لعلها الآن تنظر الى السماء في صلاتها وتدعو: الله ينصره مريد ابن سكينة ويحميه من أولاد الحرام مطرح ما يكون بحق جاه الله والمصطفى!

فيرد الدرهللي قائلا:

ـ لعل أمي تقول يا ترى الدرهللي دفيان؟ ياترى كيف عايش هناك؟ عنده غطا بها البرد؟ الله يحميه وينجّيه. الله مع الشباب كلهم. افتحي لنا ها الراديو يا فاطمة تا نسمع اخبار الشباب. . . طرنيب!

* * *

الحروب الطويلة تولّد السام. ذات ليلة تباريت مع رسمي أبوعلي في تعداد كل المرادفات الشعبية في اللهجات الفلسطينية المختلفة لكلمة «صَفَعَهُ» أي ضربه بالكفّ. كانت الكهرباء مقطوعة طبعاً، وكل واحد منا في سريره يخاطب الآخر دون أن يراه.

لم نترك كلمة الا تذكرناها. يقول لي تصبح على خير ونسكت لثوان، فأذا بأحدنا يتذكر مفردة طازجة فيرفع اللحاف عن وجهه بحركة مظفّرة ويصيح بالآخر: «سَنُّه كَفّ» مثلاً، وتبدأ دورة الاجتهاد مرة أخرى.

كنا قد أتينا في تلك الليلة على جَبَدُه وقَهَدُه ورَزَعُه ولاحُه وشَفّه وهَفُّه وسَنَدُه ولَفُّه ولَطّه ورَنّه وسَفَقُه ونَدَفُه وزاحُه وهَبَدُه ورَقَعُه ولَخّه وفَقَعُه ولَهَفُه وطَجُّه ومَزَعُه وشَمَطُه وناوله الخ.

كان يشاركني الشقة جرذ هائل الحجم لم تنفع معه كل حروب الابادة التي خضتها ضده. والشقة بلا تدفئة ولا سجّاد. كان الموهوبون في تدبير أمورهم الشخصية دائما يقيمون في شققٍ فخمةٍ

لها مصاعدُ ومولِّدُ كهرباءٍ احتياطيّ.

لكن التوتر كان من نصيب الجميع.

شقيقي الأصغر علاء الذي يسكن في منزل الطلبة التابع للجامعة الأمريكية، ويُنهي عامَه الأخير في كلية الهندسة من الصعب أن أراه يوميا. اذا زارني حملت همّ عودته الى الحمرا واذا زرته كرهت أن أحمّله همّ عودتي الى الفاكهاني. فهيم ابن خالي عطا أصابت رأسه شظية في الشيّاح بعد مغادرتي بيروت، واستشهد بعد اصابته بأيام. لم يتجاوز العشرين الا بسنتين.

فيما بعد علمت كيف أطلعوا خالي على الخبر.

اتصل به علاء تليفونياً من بيروت وكان خالي في الكويت. قال علاء محاولا تخفيف الخبر وتمهيد خالي لتقبّله بالتدريج:

ـ يا خالي أنا باتّصل من شان أطمنك على فهيم. صابته رصاصة طايشة امبارح بس الحمد لله الدكاترة طمنونا وان شاء الله بيقوم بالسلامة.

فإذا بخالي يقول بكل هدوء:

ـ وين بدكم تدفنوه؟

* * *

شقيقتاه إلهام ونجوى وشقيقه محمود وشقيقي علاء وضعوه في تابوت وحملوه بالطائرة الى الكويت حيث دفنوه في مقبرة الصليبخات هناك.

* * *

أمهرست، ماساتشوستس في الولايات المتحدة. كنا نستعد لسفر قصير لتلبية دعوة من البروفيسور سيدني كابلن (كان يصر على أن أناديه سِد) الى العشاء احتفالا بحصول رضوى على الدكتوراة باشرافه عندما رن جرس الهاتف في شقتنا.

جاء صوت منيف موجزاً جداً:

- فهيم استشهد اليوم في بيروت.

منيف يتحدث من قَطَرْ معي في أمريكا عن استشهاد فهيم في بيروت ودَفْنِهِ في الكويت وضرورة تبليغ ستي ام عطا في دير غسانة، وجدته لأمّه في نابلس، وأمّي في الأردن. ورضوى وأنا نؤكد حجزنا للعودة عبر روما الى القاهرة.

رأت رضوى ان نكون بصحبة كابلن وزوجته ومايكل ثلويل بدلا من قضاء الليلة وحدنا في هذه القارة.

الجميع في غاية اللطف معنا. العشاء الذي أعدته إيمّا يعكس اجتهادها الاستثنائي لاعداد عشاء أنيق يليق بغرباء.

الجو عائلي دافئ والحديث سلس وحميم. رضوى على حق. مع الأصدقاء تخف وطأة الحزن. تسللت الى دورة المياه في بيت كابلن. بذلت كل جهد ممكن، لكتم الصوت المصاحب للقيء.

* * *

ولم يكن كل شيء محزناً في تلك الأمسية ولا في فترة إقامتنا الأمريكية.

كان التعرف الى الكتّاب الأفارقة والأفرو أمريكيين مناسبة لمعرفة النموذج الأقرب لأجوائنا وهمومنا الثقافية والسياسية كعرب، وهو الجو العفيّ المناهض للمؤسسة الأمريكية المهيمنة.

في بيت ثلويل تناولت أفضل وأغرب إفطار تناولته في حياتي. دعانا رضوى وأنا صباحا وكان إفطارنا الذي أعده بنفسه، فهو طباخ ماهر، عبارة عن شرائح من المانجو المقلية وشرائح من السمك المشوي بالإضافة الى الأجبان والقهوة. على تلك المائدة تعرفنا بستوكلي كارمايكل مؤلف كتاب «القوة السوداء». كما عرّفتني رضوى على تشينوا آشيبي الروائي النيجيري صاحب الرواية البديعة

«الأشياء تتداعى» وزوجته. وكان أشيبي يلقي محاضراته في الجامعة في تلك الأيام.

أما الشاعر جوليوس ليستر فقد ترجم بالإشتراك مع رضوى قصيدة طويلة لي عنوانها «سعيد القروي وحلوة النبع».

على العشاء في بيت كابلن، وكانت رضوى عرضت عليه ترجمة القصيدة قال إنها «ويتمانيسك»، فقالت زوجته ان هذا أقصى ما يستطيع سِد أن يمتدح به قصيدة، فهو يعبد والت ويتمان.

شعرت بالزهو آنذاك طبعاً. وإن كنت بحساسيتي الراهنة أرى أن القصيدة لم تكن تستحق ذلك الثناء على الإطلاق!

* * *

في تلك الليلة في بيت «ابو حازم» حاولت أن أحصي قبل النوم عدد البيوت التي عشت فيها فوصلت الى رقم الثلاثين.

* * *

على البرندة أخبرتني فدوى أن ام خليل ستأتي للسلام عليّ بعد انتهاء عملها، وأن ساجي هنا وسيحضر معها أيضا. وأضاف أبو حازم أن بشير البرغوثي اتصل هذا الصباح ووجّه للجميع الدعوةَ للعشاء في بيته. اتصلتْ ابنتُها سوسن من عمّان وأختُها ليلى من أمريكا. التليفون، بعد انقراض زمن الرسائل، هو الرابطة المقدسة بين الفلسطينيين!

في الضفة وغزة تطور التليفون فأصبح بيليفوناً محمولاً ومتنقلاً في جيوب مسؤولي السلطة الوليدة بشكل يثير استفزاز المواطنين العاديين. إنهم مستفَزون رغم علمهم ان الخطوط العادية غير متوفرة في الضفة الغربية وغزة وأن في هذه المسألة نوعا من أنواع الإضطرار.

غير أن قرائن أخرى تساهم في إثارتهم. نوعية البيوت التي

يشتريها الوزراء والوكلاء والمدراء العامّون أوحتى تلك التي يستأجرونها باسعار عالية. السيارات الفخمة التي يركبونها. ومظاهر سيادتهم الشخصية التي لا تتناسب مع غياب سيادتهم الوطنية ولا مع مظهر سيادة الفلسطينيين عموماً ضمن ترتيبات أوسلو العجيبة.

كلما كانت قناعة النفس أصيلة نظر الناس الى الجانب العملي في وظيفة السلعة. فالسيارة عند البعض منزلة شخصية وعند البعض الآخر حذاء يستخدم لقطع المسافات وينقلنا من مكان الى آخر.

آخر مظاهر القوة وعلوّ المكانة عند المحدثين العرب هو البيليفون!

في بيروت كانت الأبّهة تتجلّى على إلْيَةِ الشخص حيث يتدلّى المسدّس من حزامِ مراهقِ الحرب الأهلية والصحفيّ والكاتب والموظف وعضو الحزب او الفصيل الخ.

أما السيارات، فيبدو ان لا شفاء من سطوتها الآن أوفي المستقبل. خصوصا والاضافات والكماليات فيها تتطور سنوياً: فهل يستوي الذي في سيارته «بالون هوائي» والذي تخلو سيارته من البالون؟ وهل يستوي الذي لديه سائق والبائس الذي يسوق سيارته بنفسه؟

كل هذه التداعيات التي هي خارج الموضوع(ما هو الموضوع؟) مرت في جزءٍ صامتٍ من الثانية، تمهيدا فيما يبدو للمثل المغربي الذي أسمعته لفدوى و«أبوحازم» على «البرندة» والذي يقول: (الله يرحمنا من المشتاق إذا ذاق!)

* * *

بعد الظهر وصلتْ ام خليل وساجي. ساجي زميل الدراسة في القاهرة. لكنني لم أذكر أني التقيت به إلا مرات قليلة هناك رغم أننا في نفس الجامعة ونفس الكلّية وفي قسم اللغة الانجليزية

وآدابها أيضا! كان يخصّصُ معظمَ وقته آنذاك للعمل السياسي والطلابي. ساجي خُلِقَ للسياسة. كان مهتمّاً باتحاد الطلبة والحياة الحزبية السرية التي استحوذتْ على اهتمام طلابٍ كثيرين في القاهرة آنذاك. ولم أكن أجاريهم في ذلك.

لم أُعِرْ للعمل السياسيّ أدنى اهتمام أيام القاهرة، ولم اكن ادرك أهدافهم ومراميهم . كنت أدرس المواد المقررة بسعادة واستغراق. منها تعرفت على تشيكوف و ت. س. اليوت وشكسبير وبريخت والحضارة اليونانية وعصر النهضة ومدرسة النقد الجديد الخ. تخلّيتُ لأول مرة عن كتابة الشعر العمودي وبدأت أجرب كتابة قصيدة التفعيلة .

كان منيف يحوّل لي من قطر حيث يعمل ما قيمته ثمانية عشر جنيهاً مصريّاً شهرياً. أدفع منها تسعة جنيهات للسكن، وبالتسعة المتبقية أستطيع أن أفي بالضرورات المعيشية، وأن أذهب الى دار الأوبرا مساء كل يوم سبت، للإستماع الى أوركسترا القاهرة السيمفوني (كانت تذكرة الدخول بتسعة عشر قرشا) وارتياد المسرح القومي والمسارح الأخرى. وقد كتب لي في رسالته الأولى بعد التحاقي بالجامعة انه يشترط ان لا أحوّل الدولارات التي تصلني منه إلا في البنوك الرسمية المصرية:

ـ إذا علمتُ يوماً انك تحول نقودك في السوق السوداء فستعود الى رام الله فورا. انك الآن في أول شبابك. واذا بدأت حياتك بالإلتواء فلن تستقيم أبداً.

كان منيف عندما كتب لي هذه الرسالة في الثانية والعشرين من عمره فقط!

* * *

كنت في سنوات دراستي الجامعية أحدّث زميلاتي وزملائي عن «أخوي الكبير» منيف وأطلعهم على بعض أخباره التى تصل في رسائله المنتظمة اليّ. وذات مرّة أطلعت رضوى على صورة له فكان تعليقها المباشر:

ـ الله! بس ده وَلَدْ! وانت تقول أخوي الكبير أخوي الكبير! افتكرْته راجل عجوز، ده قدّك وشكله أصغر منك!

وبعد ذلك بسنوات، عندما تزوجنا وتعرّفت اليه، تعزز احساسها بعذوبته وطفولته المحببة. منيف كان يكبرني بثلاث سنوات فقط. فقد ولد في أريحا عام 1941 وولدت أنا في دير غسّانة عام 1944.

«أخوي الكبير» كان لفظا يعكس دوره ونضجه الانساني ومسؤوليته التي كانت أكبر من عمره.

* * *

لا بد من أن أعترف بعدم اهتمامي في تلك الفترة بالسياسة أنا الفلسطيني ابن النكبة. ذهبتُ مرّة أو مرّتين الى مناسباتٍ سياسيةٍ دُعيتُ إليها كطالب. وكان ذلك في مقرّ الإتحاد العام لطلبة فلسطين في شارع جواد حسني، لكني شعرتُ أنني لا أنتمي لتلك الأجواء مطلقاً وانني لا أصلح لها ولا تصلح لي. لم أكرّر التجربة.

وبعد ذلك بسنوات، ومع تطوّر الأحداث ووقوع الهزيمة وبزوغ فصائل المقاوَمة المتعددة، أدركتُ انّ سنواتِ دراستي في القاهرة بين 1963 و 1967 كانت هي ذاتها سنواتِ التكوين السرّي لمنظمات الكفاح الفلسطيني المسلّح من فتح وحركة القوميين العرب وغيرها، وأن ذلك كان يتم في إطار اتحاد الطلاب. وان اولئك الطلبة الذين كانوا يدعونني إلى أنشطتهم السياسية بحذرٍ وحصافة، كانوا يقومون بأمورٍ عظيمةِ الأهميّة. ولا بدّ أنني كنتُ

إمّا ساذجا جداً في نظرهم أو جباناً. وأسفتُ كثيراً على صورتي تلك.

وحتى لو كنتُ أدركتُ طبيعةَ ما يقومون به هل كنت ياترى سألبّي توقّعاتهم وأنخرط معهم؟ لا أدري.

من العيوب التي يمكن لوم والدتي عليها هي أنها علمتنا الحذر المبالغ به من التعرض لأية مخاطر مهما كان نوعها. لدرجة أننا لا نعرف الى اليوم ركوب البسكليت. كانت تخشى سقوط أحدنا عنه والتسبب في كسر يد أو رِجْل.

بعد ذلك كنت أنظر لأولئك الزملاء والأقرباء الذين أصبحوا فدائيين أنهم خُلقوا بحيث يصلحون للبطولة بينما لا تتوفر لديّ مُقوّماتُها. لا بدّ أنهم نوع أفضل من البشر.

ساجي واصَلَ عملَه السياسيّ؛ وأصبح عضواً في المكتب السياسي في الجبهة الديمقراطية بعد ذلك. والدته الخالة ام خليل سمع بها العالَم عندما رشَّحَتْ نفسَها لرئاسة السلطة الفلسطبنية منافِسَةً وحيدةً للرئيس عرفات.

اتفقنا أن أزور في الصباح مقرّ جمعية انعاش الأسرة التي ترأسها. واتفقتُ مع ساجي ووليد أن نخرج معاً في جولة مسائية في رام الله في اليوم نفسه.

* * *

في المساء ذهبنا للعشاء في بيت بشير البرغوثي.

ـ طريق اوسلو قد تقودنا الى الإستقلال وقد تقودنا الى الجحيم. وعلينا أن نطوّر أداءنا في كل شئ اذا أردنا تجنب المصير الثاني.

يقول بشير.

إنه يملك معرفة جيدة بالأوضاع الجديدة. فهو مقيم في البلاد

ورئيس تحرير مجلة الطليعة والأمين العام لحزب الشعب الفلسطيني وأصبح قبل أيام وزير الصناعة في السلطة الفلسطينية الوليدة.

لبشير وجه متأمل هادئ وهو في العادة قليل الكلام ولكن لا مفر في مثل هذه السهرات من استعراض شريط فكاهات ظرفاء دير غسانة. وكان في السهرة زوجته وابنهما نبيل وأختها نهى زميلة أيام المدرسة في رام الله وأبناؤها وأنيس وحسام وأبو حازم. لم أر نهى منذ الـ67 . لكنني كنت أسمع عن نشاطاتها التطوعية من فنلنديات وأوروبيات من جنسيات عديدة شاركنها بعض النشاطات التطوعية في البلاد.

* * *

في صباح اليوم التالي جاءت مليحة النابلسية التي كانت جارةً لنا في عمارة الحاجّة ام اسماعيل مع اثنين من أولادها الثمانية. قلت لها:

ـ ارتحتِ من جرجرة اليهود للأولاد الى المعتقلات يا حجّة مليحة.

ـ الحمد لله يا إبني. والله زهقت. يفرجو عن واحد ويحبسو اثنين. ورروحي يا مليحة اسألي في أي معتقل واي بلد حطّوهم ومسموح بالزيارة ولاّ مش مسموح بالزيارة. الروماتزم أهلكني بعيد عنّك. بس بيني وبينك أيام الانتفاضة كانت الدنيا أحسن. شو رأيك؟

ـ بالفعل الدنيا كانت أحسن.

ـ بالك بدهم ينسحبو عن جد؟ والله هذا نتنياهو لا بتعرف تاخد منه حق ولا باطل. هّذا ملعون والدين انتو بتعرفوهوش.

ولما سالتها اذا كان بيريز أحسن منه أشاحت بيدها:

ـ الاثنين أنحس من بعض.

ثم أضافت بعد تردد راجع لحيائها مما ستقول:

ـ كلهم اولاد حرام.

لمليحة ثمانية أولاد استشهد أبوهم في ثاني سنة من سنين الإنتفاضة، وهي في عزّها.

ـ نشكر الله انه استشهد في أولها. كنا متحمسين. معنوياتنا في السما. فوق الريح. تحملت موته. قلت زيّه زي غيره. لو مات في أواخرها كان فقعت وطقّيت. مسّخوها في الآخر يا بنتي. والله العظيم لعبوا فيها عن قصد ولغوصوها من شان الناس تنبسط على توقيفها. شو رأيك؟

ولما قلت لها إن المنظمة تدفع مساعدات مالية لأسر الشهداء سارعت بالقول:

ـ المنظمة مش مِنْتِظْمِة. شهر بيدفعو وعشرة لأ. بيقولوا الدول لا تساعدهم. الله مع الجميع. كانو بيعطوا خمسين دولار في الشهر لما يكون معهم مصاري. مستورة والحمد لله.

* * *

مِن أكثر ما يسبّب الحَرَجَ أن يزدحم بيتُ المُضيف بضيوفِ الضيف، الذين يأتون للسلام عليه. البعض بدافع الواجب والبعض بدافع المحبة. «على قلبي مثل العسل» كان يقول أبوحازم وتثني على كلامه فدوى. بعض الأصدقاء كان يأتي للسلام علي قرب منتصف الليل أحيانا، وكنت أُحْرَجُ من اضطرارهما للسهر الى أبعد مما اعتادا.

كان لا بد من مناسبة لطرق موضوع الفنادق أصلاً دون أن أتسبّب في جرح إحساس أبو حازم.

حانت الفرصة عندما أردت أن أطلب تاكسي لأذهب الى «فندق رام الله» للقاء محمود درويش الذي وصل من عمان في اليوم السابق.

قلت له:

ـ لو وجدت غرفة في الفندق يا «أبو حازم» فسيكون ذلك أفضل لي ولبرامجي الملخبطة والمرتجلة التي يصعب تنظيمها بشكل يريح الجميع.

أنهيت جملتي فجنّ جنون فدوى وأبو حازم معاً وتأتّى عليّ أن أعتذر لهما عن مجرد التفكير في ذلك.

ذهبت بالتاكسي والتقيت بمحمود وتحدثنا في أمور كثيرة بينها احتمال عودة مجلة «الكرمل» للصدور من رام الله. بعد ذلك ذهبت الى موعدي مع ام خليل في جمعية إنعاش الأسرة.

أنهيتُ جولتي في اقسام الجمعية، تفصيل، تطريز يدوي، حِرَف، تعليب وتغليف وإعداد الأطعمة. بنات وأبناء الشهداء والمعتقلين والأسرى يتعلمون هنا أن يعملوا ويعيلوا أسرهم. السنارتان في اليد تتحرّكان برأسيهما الفضّيين بالإيقاع ذاته وبالسرعة ذاتها التي تتبادل بها عصفورتا الحُب قبلاتٍ مستعجِلة وفرحة.

سنّارتان تسحبان خلفهما خيطاً رائع اللون، تريدان الفرار منه أو كأنهما تريدان الفرار منه ولا تفرّان إلا إلى رقعة الكنزة البديعة التكوين أو المفرش الصوفي البهيج الألوان أو الشال الذي يحمل دفء الجسد وزينة الأكتاف.

أصابع الفتيات، في جهة أخرى، تتنقّل بالإبرة التي تمزج اللون باللون والغرزة بالغرزة لأسابيع متصلة حتى تتخذ شكلاً يتكامل كل يوم وينمو ويتكاثر على القماش الذي يطالب بالمزيد، الى أن يخرج في نهاية العمل ثوباً فلسطينيّاً مطرّزاً بعشرات الآلاف من الوحدات الملوّنة بألوان هي الدهشة ذاتها.

منحوتات من خشب الزيتون، من الفضة، من الشمع، من الزجاج، مرايا بإطارات مطرّزة، ملابس للأطفال والرجال والنساء، مطبخ ضخم ينتج مئات الوجبات من كل الأصناف لتوفير جهد

الأسر التي يعمل طرفاها خارج البيت. بيانو. عود. ناي. دبكة. أناشيد. فرق رقص تعبيري. أغاني ريفية وشعبية. وأنشطة تربوية عديدة أخرى.

منذ أكثر من ثلاثين سنة والجمعية تساعد من يحتاجها وتحصل على ميزانيتها من التبرّعات التي يقدمها الأثرياء ورجال الأعمال الفلسطينيون والعرب وبعض المساعدات من بعض الدول العربية. كانت أم خليل قد أسست الجمعية قبل سقوط رام الله في يد الإحتلال الإسرائيلي عام 67 بعامين أو ثلاثة.

كانت جولتي قد بدأت بمشاهدة متحف التراث الشعبي الفلسطيني الذي تستعد الجمعية لافتتاحه بعد أيام وانتهت في مكتب ام خليل.

ثم كانت المفاجأة اللطيفة قبل مغادرتي مقر الجمعية. فرقة كورال الأطفال في الجمعية الذين خصصت لهم قاعة للتدريب والعروض، رقصوا وغنوا تحيّة لي، ترافقهم السيدة طرزي على البيانو. كان المشهد مؤثراً وجميلاً.

استقطب هذا الجهد الأهلي العريق اهتمام المجتمع الفلسطيني في البلاد كلها وليس في رام الله والبيرة فحسب.

نجحت الجمعية في خلق فرص عمل كريم للمئات من المحتاجين. والسهر على تنمية المواهبهم الفنية والأدبية لمئات الأطفال. بدأت الجمعية صغيرة وأخذت تنمو على مهل وبالتدريج فاتسعت مجالاتها وكبرت مبانيها وما تزال نموذجاً على جدوى النشاط الأهلي الذي يبادر به أبناء الواقع المحلّي. فهم أدرى الناس به وبظروفه وحاجاته المتغيّرة باستمرار.

* * *

في المساء، خرجتُ الى الجولة المنتظرة مع وليد وساجي في ليل رام الله. قبلها خرجتُ مع أبو يعقوب ووسيم في جولة سابقة،

واصطحبني أنيس وحسام أكثر من مرة، كما تجولتُ وحدي مرتين. في كل الحالات، كان من يرانا ونحن نتجول في شوارع رام الله أو نتحدث على مائدة في أحد مقاهيها يظننا شلة سعيدة من الأصدقاء لكثرة ما نضحك بصوت عال. المسألة أكثر تعقيدا مما تبدو عليه.

هذه اذاً رام الله التسعينات وليست رام الله الستّينات. لم أكن لأعرف تفاصيلها المستجدة بدون شروحات الأصدقاء.

من الطبيعي أن يتغير شكل المدينة في عينِ مَن فارقَها طويلاً. الأصدقاء منزعجون من انتشار العمارات الاسمنتية الشاهقة في كل مكان.

رام الله بالنسبة لأهلها هي تلك البيوت المسقوفة بالقرميد المشمشيّ اللون والحدائق المحيطة بها، والمنتزهات ذات النوافير، وشارع الإذاعة او شارع العشاق كما كنا نسميه، بأشجاره الباذخة على الجانبين، والمطلّ على تلالٍ خضراءَ تنهتي في الساحل الفلسطيني الذي يمكن مشاهدة أضوائه بالعين في الليالي الصافية. لم أشاركهم الإنزعاج. انها سنّة االتطور وثمن نمو المدينة.

بل إن نقمتنا على الإحتلال راجعة أساسا لكونه يوقف نمو مدننا ونمو مجتمعاتنا ونمو أناقة الحياة عن طريق إعاقة سياقها الطبيعي.

في هذه الجولة والجولات السابقة رأيت معظم أماكني، مدرسة رام الله الثانوية، ملعبها، مكتبتها التي قرأت فيها كتاب الأغاني، ممراتها بأقواسه المتجاورة. رام الله القديمة. بطن الهوا. كنيسة الله. طريق نابلس. جامع جمال عبد الناصر، المنارة. سألتهم عن منتزه نعّوم قالوا راح. قامت في مكانه عمارة عالية ومحلات تجارية جديدة.

لم أستطع التعرّف على بيت فؤاد طنوس وعادل النجار وباسم

خوري الذين تقاسمت معهم شقة واسعة في الدقي بالقاهرة في السنة الجامعية الثالثة ولكنني عرفت بيت رامي النشاشيبي زميلنا الرابع لأنه كان يسكن في نفس العمارة التي يسكنها عمر الصالح البرغوثي ومقابل دار خالي أبو فخري.

من الأمور الجميلة في رام الله انها مجتمعٌ رحبٌ وشفاف، نسيجُه مسيحيٌ إسلاميٌ، تتمازجُ فيه طقوسُ أصحاب الديانتين، بشكلٍ تلقائيٍ بديع. شوارعها ومحلاتها ومؤسساتها كلها تتزين بزينة الكريسماس ورأس السنة ورمضان وعيد الفطر والفصح والأضحى. رام الله لا تعرف اسئلة المذاهب والطوائف والمعتقدات. منتزه رام الله وبوظة ركب التي تحسّ بمذاقها الخاص بها بمجرد ذكر اسمها أو مشاهدة حروفها مكتوبة على لوحة إعلانيّة. الشرطة الفلسطينية تنظم المرور بكفاءة وتُفَكْفِكُ اختناقاتِه عند المنارة. قيل لي إنه منذ تعطيل الاحتلال للبلديات، أصبحت المدن شبيهة بالمزابل لكن النظافة عادت الآن كما عرفناها دائماً سمة من السمات المميزة لرام الله. لكن الخضرة شحّت لأن اسرائيل تسرق المياه منذ الـ67 . ورغم ذلك، الخضرة تُقاوِمُ.

حديث السياسة والتكهن بتطورات الأحداث لا ينتهي. وسيظل كذلك الى حِقَبٍ طويلة. السياسة تسربت الى منمنمات النفس الجوانيّة عند رجالنا ونسائنا منذ وقف المشروع الصهيوني يدق على زجاج نوافذنا بأظافره الحادّة ثم على الأبواب التي ركلها ليدخل الى غرف الدار كلها ويلقي بنا الى الصحراء.

كنت متفقا مع مُحدِّثِيّ في أن هذا الوضع ليس مبررًا كافيا للمباشرة السياسية والانكشاف الفكري في الشعر الفلسطيني لا في داخل الوطن ولا خارجه. ولاستغراب الجميع قلت ان الفكاهة والسخرية عنصران لابد منهما للكتابة العربية والفلسطينية.

إن واقِعَنا المأساويّ لا يُنْتِجُ كتابةً مأساوية بحتة.

نحن في هزل تاريخيّ وجغرافيّ أصيل أيضا! أليس كذلك؟

الفنانون التشكيليون في الداخل تجاوزوا هذا المنزلق وقدموا نماذج ممتازة فنيا وجماليا دون التخلي عن املاءات الوضع العام وخصوصيته. تكررت الشكوى من انعدام فرص الاطلاع على الكتب والدواوين المطبوعة خارج البلاد. والعزلة عن الثقافة العربية والعالمية وغياب فرص الاحتكاك بالكتّاب العرب عموماً.

للفلسطيني مباهجه أيضا. له مَسَرّاتُهُ الى جانب أحزانه. له نقائضُ الحياة المدهشة لأنه كائنٌ حيّ، قبل أن يكون ابن نشرة أنباء الساعة الثامنة!

في قصص الانتفاضة التي يتناقلها الناس هنا تلتقي هذه النقائض. أحد الظرفاء من دير غسانة عرفناه منذ الطفولة محروق الخد و كان يجادل حلاق القرية يوسف الجبين في دفع نصف الأجرة لأنه يحلق له جانبا واحدا من وجهه فقط، سافر الى الامارات لزيارة أقربائه هناك وأخذ يشرح لضيوفهم كيف ان وجهه احترق (في الانتفاضة يا خال!). كانت تلك طريقته في السخرية من القيادات التلفزيونية التي «فبركوها» لتفرغ الانتفاضة الشعبية من محتواها.

أتذكر الآن الفيلم التسجيلي الذي أخرجه الصديق أنيس البرغوثي (من قرية كوبر) عن فلاحة رائعة من بطلات الانتفاضة من بلدهم اسمها فرحة.

يبدي لها الجندي الاسرائيلي دهشته من أمر يتكرر بالفعل على امتداد سنوات الانتفاضة وهو انه عندما ترى النساء شاباً مقبوضا عليه من قبل جنود إسرائيل يهاجمن الجندي وتصيح أكثر من واحدة منهن:

- إبني إبني اتركو ابني!

صرخ الجندي في وجهها وهو يجرجر الشاب:

ـ روخي كذابة، كم أم لولد واحد؟ مئة ام لولد واحد؟! إمشي من هون. يالله.

صرخت في وجهه:

ـ أيوة. احنا هيك. الولد عندنا له مئة ام، مش مثل اولادكم، كل ولد له مئة أب!!

ظاهرة المرأة الفلسطينية في الإنتفاضة تستحق التمجيد بلا تردد. لكن قصّتها الكاملة لم تُكتب بعد.

يتحدثون أيضا عن تلك السيدة التى لجأ الى منزلها أحد المطاردين الفلسطينيين فخبأته في منزلها سبع سنوات دون أن يدري به أحد. وعن المطلوبين اللائذين في الجبال. عن الزراعة المنزلية والتكافل الاجتماعي والتضحيات اليومية الصغيرة التي تشكل العمود الفقري لما نسميه نحن المثقفين بالبطولة. والجراحات السرية التي يجريها الاطباء المتطوعون لمصابي الانتفاضة حتى لايعتقلوا من داخل المستشفيات.

وإلى جانب ذلك يتحدثون عن ظاهرة العُمَلاء المتعاونين مع إسرائيل مقابل قروش زهيدة أو امتيازاتٍ تافهة. الآن هناك مشكلة إسرائيلية في تدبير مصيرٍ آمنٍ لهم ولعائلاتهم، وقد تعهدتْ لهم بذلك.

يتحدثون أيضاً عن محاكمات منتصف الليل الشفوية والمختزلة التي تقوم بها أجهزة الأمن الفلسطينية أحياناً. وعن العمولات التجارية والكسب المبالغ فيه. وعن مظاهر الفساد الاقتصادي المرافق لعمليات إعادة التعمير والبناء. لكن ضغط أملهم عليهم (والأمل يضغط على صاحبه كما يضغط الألم) يجعلهم يضيفون في مناسبات كثيرة أثناء الحديث أن مثل هذه التجاوزات يعد طبيعيا ومتوقعاً في البداية. الأمل يقول لهم إن كل السلبيات ستنتهي بعد اجتياز هذه المرحلة الصعبة.

الناس مع هذا الحل والناس ضد هذا الحل في الوقت نفسه. الأغلبية التي مَنَحَت أصواتَها لياسر عرفات أغلبيةٌ صحيحةٌ وحقيقية.

لكنها أغلبية قُدِّمَتْ لها وعودٌ تاريخية، وهي تنتظر تحقيقَها.

الدقيق أن المجتمع الفلسطيني كله في حالة انتظار. الفلسطينيون لم يغمضوا أعينهم بعد.

أدهشني ان وسائل الإعلام الفلسطيني لا تعكس هذا الواقع على الاطلاق. إنها منهمكة بتغطيته بالزهور. ولا أدري ان كانت الزهور مرتبطة بطقوس الحياة فقط!!

* * *

كان وليد يرد على تحية هذا الشاب او تلك الفتاة من المارة الذين نصادفهم حيثما توجهنا. انه يغنّي ويعزف على العود ويعمل في المسرح وهو لم يغادر رام الله أبداً. هذه صبيّة في الفرقة المسرحية. هذا شاب يتدرب في فريق الرقص. هذا جارنا السابق الخ الخ. تحدثنا عن قيمة ذلك. قيمة ان يكون الكاتب أوالفنان ابن محيطه أيضاً. ابن محيطه... أساساً.

في أيامنا العجيبة هذه، أصبح الكاتبُ العربيّ يلهث وراء فُرَصِ الترجمة (للّغات الغربية تحديداً) لترتفع قيمتُه المحلية! كأنه يريد أن يقرأه الإنجليز ليعرفه العرب!

المضحك هو المحزن. هل يحدث ذلك يا ترى عند غيرنا من الشعوب الآن؟

دُور السينما الثلاث معطّلة ومغلقة الأبواب منذ سنوات طويلة. يافطاتها منزوعة، والمناطق المحيطة بها مظلمة. المكتبات لا تبيع الكتب. تحولتْ الى بيع النثريات والحلوى والأدوات المدرسية البسيطة. لوحات الأرقام على السيارات مختلفة الأشكال والألوان بعضها يحمل مختصراتٍ عبريةً وبعضها حروفاً عربيّة. وبالنسبة

لوافد غشيم مثلي كان من الصعب معرفة مغزى ذلك كلّه.

تَحَدَّثَ وليد عن محاولاتِهِ المسرحية. وأبو يعقوب عن عمله في وكالة الغوث. وساجي عن اعتزاله العمل السياسي والتحاقه بوظيفةٍ في احدى شركات التأمين، بعد أن أنهي دورةً تدريبيةً في هذا المجال.

تَحَدَّثَ وسيم عن البيت الجميل ذي السقف القرميدي الذي رممته وزارة الثقافة وحَوَّلَتْهُ الى «مركز خليل السكاكيني الثقافي» والذي سيكون مَقَرّاً لفِرَقٍ مسرحيةٍ وفنية، ومنتدىً للكُتّاب؛ وستشغل مجلة الكرمل طابقا من طوابقه. وأخذوني لرؤية البيت.

* * *

شاهدتُ برامج التلفزيون الفلسطيني لأول مرة هنا.

كنا طوال السنوات الماضية نصوغ المسمّيات التي نفتقدها كمشردين في بلاد الناس، مِن باب الخيال:

الخطوط الجوية الفلسطينية،

الشرطة الفلسطينية،

التلفزيون الفلسطيني،

الحكومة الفلسطينية، الخ. الخ.

التلفزيون مبسوط من كل شيء! ككل التلفزيونات العربية! وكذلك الاذاعة.

سألني المذيع في مقابلةٍ أُجْرِيَت معي في مقرّ الإذاعة الفلسطينية في رام الله:

ـ ألسنا شعباً معجزة؟ شعباً مختلفا؟ وطناً مختلفاً؟

قلت له:

ـ مختلفون عن من بالضبط! وعن ماذا! كل الشعوب تحب أوطانها وكل الشعوب تحارب في سبيلها اذا اقتضى الأمر. الشهداء

يسقطون من أجل قضاياهم العادلة في كل مكان. المعتقلات والسجون مكتظة بمناضلي العالم الثالث والعالم العربي في طليعتها. لقد عانينا وقدمنا تضحيات بلا حد. لكننا لسنا أفضل ولا أسوأ من الآخرين. بلادنا جميلة وكذلك بلدان الآخرين. علاقة الناس بأوطانهم هي التي تصنع الفروق فاذا كانت علاقات نهب ورشوة وفساد تأثرت بذلك صورة الوطن.

ولما سألني عن شروط الاذاعة الناجحة قلت:

- إن عليها الإبتعادَ عن السُلطة.

* * *

في غرفتي، قبل النوم، تصفحتُ مسودات النصوص التي أُعِدُّها للنشر بعنوان «منطق الكائنات». استوقفني أنني أسرفتُ قليلاً في اللجوء الى الفُكاهة. لكنني قلت لا بأس. لِيَكُنْ. هي هكذا. إنها مأساة. نعم. إنها مسخرة. نعم. أقصد في نفس الوقت.

في كل الحوارات، كان المضحك والمبكي يلتقيان في نفس العبارة الواحدة.

لا أصدّق عيناً تتجاهل إبصار المسخرة الملازمة للمأساة.

من المريح دائما أن نصوّر المأساة فيما يقع علينا فقط لا فيما نفعله بأيدينا أيضا.

الوضع مأساوي لكن المأساة مشوبة دائما بالملهاة لأنها بلا جلال. اننا نسقط على السكت. بدون ذلك الدويّ المصاحب لسقوط البطل المأساوي في التراجيديا الإغريقية أو الشيكسبيرية. الماكينة الإعلامية الجهنمية تطمس معنى السقوط، وتصوره لنا انتصاراتٍ ونُهوضاً.

هذا ما لم يكن متاحا في المآسي العتيقة حيث يقول هملت: «ثمة شيءٌ عَفِنٌ في الدنمارك» وينتهي الأمر.

إنك لم تكن تجد برنامجاً إذاعياً أو تلفزيونيّاً في الصباح التالي، يقرر لك أنّ المدعو وليام شكسبير رجل تافه ومغرض ولا علاقة له بنضال الشعب وأن كل شئ في الدنمارك على ما يرام وخصوصا قيادتها الرشيدة! ولن تجد مقالاً في صحف الصباح الشماليّ يضع يديه على خاصرتيه، ويدلق لسانه الى الأمام، صائحاً في وجه المسكين وليام ابن السيدة أم وليام:

ـ وما هو البديل يا سيد شكسبير؟

ألم يقل انور السادات انه سيصفق لمن يستطيع ان يحقق أفضل مما حققه هو بمبادرته التاريخية؟

من أين للتعيس أوديب ببلاغة تنقذه من مآسيه بهذه البساطة!

ليس في لغة أوديب حرف الضاد!

أوديب لا يستطيع تحويل الكارثة الى كرنفال أو عيد!

عندما أراد شكسبير أن يكتب التراجيديا على حقيقتها كتب التراجيديا على حقيقتها.

وعندما أراد أن يكتب الكوميديا كتب كتابة مختلفة تماماً عن هملت ولير وماكبث وعطيل. في لغتنا نحن المنفردين بنعمة الضاد (ماذا كنا سنفعل بدونها؟!) أصبح مألوفاً أن نقرأ المأساة والملهاة في الصفحة ذاتها. في الواقعة ذاتها. في الإتفاقية ذاتها. في الخطبة ذاتها. في الهزيمة والنصر. في العرس والجنازة. في الوطن وفي المنفى. وفي ملامح وجهنا الواحد كل صباح.

بعد الخروج من بيروت إثْرَ الاجتياح الاسرائيلي، رفع الرسميون الفلسطينيون من اللهجة الإنتصارية في خطابهم العام.

في المجلس الوطني التالي مباشرةً، فعلوا الشئ ذاته، وصَعّدوا لغة المجد، والصمود، والنصر، الى أقصاها (واكتفوا بذلك!).

في اجتماع اللجنة الثقافية في المجلس ظننتُ أن ما قلته كان

صادماً للبيروقراطية الثقافية والإعلامية الفلسطينية:

ـ علّمنا التاريخ درسين اثنين: أولهما، أن تصوير الفواجع والخسارات بوصفها انتصاراً هو... أمر ممكن. والدرس الثاني، هو أن ذلك... لا يدوم.

وأضفتُ:

ـ التصفيق لأنفسنا ليس رداً كافياً على ما تعرّضنا له، ولا يساعدنا إطلاقاً على فهمه.

في «تلك» الأيام لم يكن مسموحا بانتهاك الرضى والغبطة. ولم يكن مسموحا بمراجعة المقدمات والسلوكات والنتائج. بل إنني حتى هذه اللحظة لست متأكدا إن كان مسموحاً به في «هذه» الأيام.

المُسيئ مُحَصَّن! لم يصدمهم ما قلت.

ولكنه لم يعجبهم.

بعد أن انتهى المجلس واستعد كل المشاركين للعودة من حيث أتوا، صادفت سيدة تقيم في القاهرة وكنت راغباً في إرسال رسالة الى رضوى وتميم قبل عودتي الى بودابست وقدّرت أن بوسعها حمل الرسالة معها.

سألتها متى سترجع الى القاهرة قالت:

ـ أنا مش رايحة للقاهرة مباشرة. قلت بما إني قريبة من فرنسا خليني أروح كام يوم لباريس. تغيير يعني. الواحد روحه طالعة. بدي اشتري شويّة فضّيات من هناك. انت بتعرف أنا بحب الفضة كثير. ويمكن أتأخر في باريس. حسب الجو. تغيير يعني.

* * *

الجسم الأعظم من المثقفين الفلسطينيين تماهى مع السلطة. اقترب منها أكثر مما ينبغي له. ارتاح على مقاعدها. ولذّ له ان يقلّدها ويتماثل مع صفاتها. كثير من المؤيدين والمعارضين تشابهوا

عند هذه النقطة. ما زلنا نتصرف كقبيلة. والذي زاد من ذلك ويسَّرَه وجعَله يستمر بلا مساءلة حقيقية، أن طبيعة القضية وضعت الجميع مهما كانت خياراتهم هم في الصف الوطني. وهذا صحيح.

فحتى المخطئ منهم يمكن النظر إليه كضحيّة أيضا. الكل مهدَّد، والكل عرضة للموت أو الإصابة، أو الإهانة على الحدود، أو فقدان من يحب وما يحب.

كان هناك إحساسٌ دائمٌ بأن اقتراب المثقف من القيادة، يختلف عن الإقتراب من حكومة تقليدية. فالفلسطيني وسلطته التي تقرر الأمور، يعيشان الوضع الإستثنائي ذاته، سواء في المنفى أو تحت الإحتلال.

بل ربما ارتأى البعض أن المكان الطبيعي للمثقف الفلسطيني هو بقرب القيادة. لكنّ عواقب هذا الخيار لم تكن دائما عواقب محمودة، بالإضافة الى الإستعداد الشخصي للفساد لدى عدد من الأفراد في هذا المجال أو ذاك.

أما عيبي الشخصي فكان أنني استسهل الإنسحاب عندما أرى ما لا يسرّ. أدير ظهري. وقد أثبتت لي الأيام أنه كان من الأفضل لو تحمّلت قليلا وحاولت كثيراً. وضعت نفسي على الهامش هرباً من أي ملمح من ملامح استبداد السياسة أو الثقافة.

والإستبداد عند المثقفين هو نفس الاستبداد عند السياسيين من الجانبيْن، جانب السلطة وجانب المعارضة. والقيادات لدى الطرفين تتقاسم الصفات ذاتها: الخلود في الموقع. الضيق بالنقد، وتحريم المساءلة أياً كان مصدرها، والتيقّن المطلق من أنهم دائماً على حق، مُبدِعون، عُلماء، ظرفاء، مناسبون وجديرون كما هم، وحيث هم!

* * *

كانت الصورة قبل عودة منظمة التحرير هي صورة الفدائي. صورة البطل/ الضحية التي تستحق التعاطف والتمجيد.

الآن ها هو الفدائي ذاته (مكبّلاً باشتراطات أعدائه) يمارس سلطته المباشرة على المواطن العادي، على الأعمام والأخوال والطلاب والدكاكين والمرور والجمارك والفنون والآداب والضرائب والمحاكم والاستثمارات ووسائل الإعلام كلها. انه هو الذي يهيئ للناس الوظيفة وفرص العمل، من الساعي والفرّاش الى الوزير والوكيل والمدير والعميد والعقيد. وهو الذي يمنح المكانة الاجتماعية والنفوذ، هو الذي يصلح المكسور ويُعَمّر المهدوم ويختار من هذا الزحام الشعبي العريض أنصارا وخصوماً. بل انه يعتقل المواطنين أحيانا ويسجنهم ويقاضيهم و. . . يعذّبهم؟

هذه الصورة جديدة تماماً على أهلنا.

كان من الممكن ان يشكّل هذا الإنتقالُ في مهمات الفلسطيني تطوراً مفهوماً بل ومطلوباً أيضاً، لو كان عنواناً على سيادةٍ فعليةٍ على المصير الفلسطيني؛ فلا أحد يناضل للأبد ولا أحد يُغَنّي للأبد. لكن السيادة الكاريكاتيرية المسموح بها لنا في أوضاعنا المستجدّة والقيود التي تكبّل قرارات السلطة الوطنية كان لها وقعٌ مختلف.

الأغنية تتراجع. والواقع يتقدم باستحقاقاته الشديدة القسوة.

هنا في المجال الثقافي كما في المجالات الأخرى تجد من يتقن عمله ويؤديه مقتنعا به جهداً وشرفاً وجدوى. هنا من يعترض على رداءة الاتفاقية لكنه يضع بإخلاص كل امكاناته تحت تصرّف المجتمع الفلسطيني الجديد، ليصنع ما هو أقل سوءاً من السيئ المُتاح.

ولكنك، الى جانب مثل هذا المناضل الحقيقي، تجد من يتنطنط بين المواقف والأيدولوجيات كالشمبانزي، ليصل الى الفرع

العالي من شجر «الغابة». لكنه شمبانزي يتقن اختيار العطور الفرنسية وتحديد العمولة التي لا يرضى بأقل منها. يحب أولاده حبا حقيقيا وأمه وأباه و(ربما) زوجته. ولا... أحد... غيرهم...!

إنه شمبانزي يؤيد. ثم يعارض!

ثم يؤيد لكنه يريد أن يبدو معارضا!

ثم يَنْشَقّ عن تنظيمه ويشكّل فصيلا أو حزبا، يضاف الى الزحمة التي لا مبرر لها ويلقي على الناس مواعظه البليغة حول روعة الوحدة!

قد يرضى وقد يحرد. قد يتذلل أمام هذا ويستأسد أمام ذاك. لكنه في الحالات كلها، موهوبٌ جداً وبارعٌ جداً في تقديم خدماتٍ جليلةٍ ... لنفسه!.

الحياة تستعصي على التبسيط. كما ترون!

* * *

قلت « لأبو حازم» مداعبا ومستأذنا:

- اليوم هو يوم التليفونات العالمي! سأتصل بالوالدة في-عمان وبرضوى وتميم في القاهرة.

تلقيت منهم مكالمات يومية تقريبا وأردت أن أبادر أنا هذه المرة خصوصا وانّ لديّ أخباراً أقولها.

الفلسطيني أصبح إنساناً تليفونيّاً. يعيش على الأصوات المنقولة إليه عبر المسافات.

قبل أن يصبح التليفون في متناول معظم الناس لجأوا الى الاذاعات:

«اطمئنوا وطمّنونا»

ثم جاء الهاتف الرائع المخيف.

فُلان نجح في امتحان آخر السنة،

فلانة أخذناها الى المستشفى ولكن لا تقلق المسألة بسيطة،
فلان أعطاك عمره، البقية في حياتك.

في الواحدة والنصف ليلاً أخبرني منيف من قطر بوفاة والدي في عمان وأنا مقيم في بودابست. في الثانية والربع ظهراً، بعد سبع سنوات، أخبرني علاء من قَطَر بوفاة منيف في باريس وأنا مقيم في القاهرة.

تفاصيل حياة كل من نحب وتقلب حظوظهم من هذه الدنيا كانت كلها تبدأ برنين الهاتف. رنة للفرح. رنة للحزن. ورنة للشوق. حتى المشاجرات والعتب واللوم والاعتذار بين الفلسطينيين يفتتحها رنين الهاتف الذي لم نعشق رنيناً مثله أبداً ولم يرعبنا رنينٌ مثله أبداً. أقصد في نفس الوقت.

قد تحميك الحراسةُ من الإرهاب، وقد يحميك حظُّكَ او ذكاؤك، ولكنّ الغريب لن تحميه أية قوةٍ في العالم من «إرهاب التليفون»!

الآن لدي أخبار لطيفة: حضر أبو ساجي بنفسه الى بيت أبو حازم وأحضر لي الهوية. هوية لمّ الشمل.

ـ امهلني كام يوم عشان تصريح تميم

* * *

كان علينا ان نتدبّر أمر حياتنا في تلك الأيام العجيبة، أنا في بودابست ورضوى وتميم في القاهرة.

حصلتْ رضوى على إجازة لمرافقة الزوج من عملها في الجامعة وأقامت معي في المجر. ألحقْنا تميم في دار حضانةٍ خاصة، عند ماني نيني ثم في حضانة تابعة لمصنعٍ للجوارب. في بداية أيلول/ سبتمبر/ 1981 وصلَتْ الى بودابست صديقتنا عواطف عبد الرحمن، لزيارتنا قادمة من برلين بعد اشتراكها في أحد المؤتمرات هناك.

قضتْ معنا يومين ثم أوصلناها الى مطار بودابست لتسافر إلى برلين فالقاهرة.

علمنا من الاذاعات والصحف أن السادات اعتقل 1536 رجلا وامرأة من جميع الاتجهات السياسية التي لم تبد إعجابها بـ «مبادرته التاريخية».

قرأنا الأسماء. كان طبيعياً ان يكون بين المعتقلين كل أصدقائنا في مصر. ومن بينهم اسم عواطف.

حاولنا الإتصال بها لتحذيرها من السفر الى مصر ودعوتها للإقامة معنا بعض الوقت الى أن تتضح تطورات الأمور، لأنهم سيعتقلونها من مطار القاهرة لو عادت في موعدها. كان الأمر متأخرا.

جاء صوت الصديق فتحي عبد الفتاح الذي طلبناه على الهاتف:

ـ عواطف سافرت. إنها الآن في الطائرة المتجهة للقاهرة فعلاً.

بعد يومين وصلنا المزيد من الأخبار: عواطف تم اقتيادها من المطار الى السجن فور وصولها.

هذا الحدث لم يَخْلُ من طرافة، فقد كانت مشترواتها من السوق الحرة وخصوصا علب الشوكولاته السويسرية نعمة على زميلات العنبر مثل لطيفة الزيات وأمينة رشيد وصافي ناز كاظم وفريدة النقاش وشاهندة الخ.

بعد ذلك تتابعت الأخبار من مصر.

السادات يَفْصِلُ أكثر من ستين صحفيا من عملهم، وينقل عدداً مماثلاً من أساتذة الجامعات الى وظائف خارج سلك التعليم، من بينهم رضوى.

قرأنا في بودابست خبر نقلها الى وزارة السياحة.

قلت لها:

ـ سيكون البقشيش بالشيكل يا مدام!

بعد شهر تلقينا خبر اغتيال السادات من الإذاعة.

الأحداث تتوالى. يتم الإفراج عن المعتقلين. يعاد الأساتذة والصحفيون الى أعمالهم الأصلية.

جاء وقت القرار الصعب عند مناقشة موضوع مدرسة تميم. اتخذناه.

كان قرارا صعبا وصائباً. قلت لرضوى ان تميم يجب ان يلتحق بالطرف الثابت في الأسرة. رضوى لها وطن ثابت وعمل ثابت وجواز سفر ثابت ولنا في القاهرة بيت مستأجر لكنه بيتنا.

وأهم من ذلك أننا نريد لتميم أن يتلقى تعليمه في بلد عربي لا في المجر.

أنا وضعي هنا مؤقت. وضعي مؤقت في كل بلد. وكذلك عملي وجوازات سفري.

تميم مكانه مع رضوى ورضوى مكانها جامعتها وبلدها وبيتنا. منذ ذلك القرار كان شمل أسرتنا الصغيرة يلتمّ لثلاثة أسابيع شتاءً وثلاثة أشهر صيفاً منذ ترحيلي في 1977 حتى أصبح شابا في الثانوية العامة.

في صيف 1984 أي بعد سبع سنوات كاملة من إبعادي من مصر، حصلت على إذن بزيارة القاهرة لمدة اسبوعين.

بعد ذلك وجهت لي دعوة لاقامة أمسية شعرية في إطار ندوات معرض القاهرة الدولي للكتاب.

تكررت دعوتي لأمسيات المعرض. وجدت نفسي، بعد ذلك، ألقي قصائدي في مقر نادي أعضاء هيئة التدريس في جامعة القاهرة وفي الأتيلييه وفي نقابة الصحفيين وفي حزب التجمّع.

لكن الطريف أنهم في إحدى زياراتي للقاهرة احتجزوني في المطار وألقوا بي طوال ليلة كاملة في غرفة الحجز البيطري! لا ليس في الأمر خطأ مطبعي. إنها غرفة الحجز البيطري فعلاً .

في المرات التالية أصبحوا يسمحون باحتجازي في نعيم صالة المطار(!) لفتراتٍ لم تقلّ عن خمس ساعات ولم تزد عن نصف يوم قبل السماح لي بالدخول فعلاً.

لم يتضح لي سبب تلك المعاملة الخاصة الا بعد سنوات:

الجهات الثقافية ترحّب والجهات الأمنية ترفض. والى أن يتفقوا على دخولي كان لا بد أن يمرّ كل ذلك الوقت. طبعاً.

كان علَيَّ أن أنتظرَ الى مطلع 1995 حتى يسأموا من توقيفي ويصبح دخولي من مطار القاهرة طبيعياً كدخول الألماني والياباني والطلياني مثلاً.

* * *

كنت أوجه لنفسي أسئلة وأجيب عليها دون ثقة في أهمية السؤال أو الجواب.

ـ هل يقيم تميم كما أقمت، ضيفا عند ابو حازم؟

ـ يجب ان أكون معه ساعتها.

ـ لكننا سنصبح ضيفين.

ـ وما معنى مجيئه بمفرده؟

نظرياً يمكن للائم أن يلومنا على هذا الوضع الذي لم يوفّر لنا شقة في رام الله. إملاءات الحياة، مقرونة بعشرات التفاصيل الصغيرة المهمة في حينها والتي نذكرها وننساها، جعلت الأمر على ما هو عليه الآن. قرارات كل الأسر المبعثرة تُتخذ، عادة، بناء على احتياجات أطرافٍ متعددة، وبناء على قراءات مختلفة للواقع وتكهنات مختلفة بالمستقبل، وتحكمها أولويات متغيرة قد لا يكون ترتيبها حكيماً دائماً.

هذا الذي ولد على نهر النيل في مستشفى الدكتور شريف جوهر في القاهرة لأب فلسطيني بجواز سفر أردني وأم مصرية، لم ير من فلسطين إلا غيابها الكامل وقصتها الكاملة.

عندما تم ترحيلي من مصر كان عمره خمسة أشهر.

وعندما أحضرته رضوى معها للقاء بي في شقة مفروشة في بودابست كان عمره ثلاثة عشر شهراً. وصار يناديني:

ـ عمّو

أضحك وأحاول أن أصحح له الأمر:

ـ أنا مش عمّو يا تميم. أنا بابا.

فيناديني:

ـ عمّو بابا.

* * *

7

غُربات

الغربة لاتكون واحدة. انها دائما غُربات.

غربات تجتمع على صاحبها وتغلق عليه الدائرة. يركض والدائرة تطوّقه. عند الوقوع فيها يغترب المرء «في» أماكنه و«عن» أماكنه. أقصد في نفس الوقت.

يغترب عن ذكرياته فيحاول التشبث بها. فيتعالى على الراهن والعابر. انه يتعالى دون أن ينتبه إلى هشاشته الأكيدة. فيبدو أمام الناس هشّاً ومتعالياً. أقصد في الوقت نفسه.

يكفي أن يواجه المرء تجربة الاقتلاع الأولى حتى يصبح مقتلَعاً من هنا الى الأبدية. الأمر يشبه ان تزلّ قَدَمُهُ عن دَرَجَةٍ واحدة من السلّم العالي حتى يُكْمِلَ النزولَ الى منتهاه. الأمر أيضا يشبه أن يَنْكَسِرَ في يد السائق مقوَدُ السيارة: كلُّ سَيْرِها بعد ذلك يصبح ارتجالاً وعلى غير هُدى.

لكن المفارقة تكمن في أن المدن الغريبة لا تعود غريبة تماماً.

تملي الحياة على الغريب تكيُّفاً يومياً. قد يكون عسيراً في بداياته لكنه يقل عُسْراً مع مرور الأيام والسنوات.

الحياة لا يعجبها تذمّر الأحياء. إنها ترشوهم بأشكال مختلفة

ومتفاوتة من الرضى ومن القبول بالظروف الإستثنائية.

يحدث هذا للمنفيّ، والغريب، والسجين، ويحدث شيء مثله للخاسر والمهزوم والمهجور. وكما تتعود العين شيئاً فشيئاً على العتمة المفاجئة يتعود هؤلاء على السياق الإستثنائي الذي فرضته عليهم الظروف. وإذا تعوّد الواحد منهم على الإستثناء فإنه يراه طبيعيّاً بشكل من الأشكال.

الغريب لا يستطع التخطيطَ لمستقبله البعيد أو القريب. حتى وضعُ خطةٍ ليومٍ واحدٍ يتعذر لسببٍ ما. لكنه شيئاً فشيئاً يتعود على ارتجال حياته.

شعورُهُ بمستقبلهِ ومستقبلِ أهلِهِ شعورُ عُمّالِ التراحيل وموظّفي المياومة.

كل عِشْرَةٍ بينه وبين المحبوب قصيرةٌ مهما طالتْ.

يعرف كيف يكون مُحِبّاً آمناً ومحبوباً خائفاً. إنه يدنو كلما نأى وينأى كلما دنا. ويشتهي حالتَيْهِ ومَوْضِعَيْه. أقصدُ في نفس الوقت. كل بيت له هو لغيره أيضا. كأنّ ارادته معلّقة على إرادات.

وإذا كان شاعراً كان غريباً عن «هنا». غريباً عن «أيّ هنا» في العالم.

إنه يجاهد لينجو بلؤلؤه الشخصي رغم معرفته المؤكدة بأن لؤلؤه الشخصي قد لا يساوي شيئا في السوق.

الكتابة غربة، غربة عن الصفقة الاجتماعية المعتادة. غربة عن المألوف والنمط والقالب الجاهز، غربة عن طرق الحب الشائع وعن طرق الخصومة الشائعة. غربة عن الطبيعة الإيمانية للحزب السياسي. وغربة عن فكرة المبايعة.

الشاعر يجاهد ليفلت من اللغة السائدة المستعملة الى لغة تقول

نفسها للمرة الأولى. ويجاهد ليفلت من أظلاف القبيلة. من تحبيذاتها ومحرّماتها، فاذا نجح في الإفلات وصار حُرّاً، صار غريباً. أقصد في نفس الوقت.

كأنّ الشاعر يكون غريباً بمقدار ما يكون حُرّاً.

والممسوس بالشعر أو بالفن والأدب عموماً إذ تحتشد في روحه هذه الغربات، لن يداويه منها أحد. حتى الوطن.

إنه يتشبث بطريقته الخاصة في استقبال العالم وطريقته الخاصة في إرساله. فمن الحتمي أن يستخف به أصحاب الوصفات الجاهزة، وأهل العادة والمألوف، يقولون إنهُ «هوائيٌّ»، «متقلّبٌ»، و «لا يُعتمَدُ عليْه»، الى آخر هذه النعوت المرصوصة كالمخلّلات على رفوفهم: أولئك الذين لا يعرفون القلق، أولئك الذين يتعاملون مع الحياةِ بسهولةٍ لا تليقْ.

* * *

كان عَلَيَّ ان أسلّم بأن التليفون سيكونِ وسيلتي الدائمة لخلق علاقةٍ مع طفلٍ عمره شهور. لكنني لم أعتبرْ إبعادي عن مصر حدثا يستحق الشعور بالمرارة. فمن السفاهة ان أشكو من مجرد شتاتٍ عائليٍّ أصابني، بينما لم تنجُ عائلةٌ فلسطينيةٌ في فلسطين او في الشتات من مصائب أشد وأقسى.

كانت مجزرةُ تل الزعتر ما تزال في مقدمة الذاكرة، كما يتكرر كل حين نسف البيوت في الضفة وغزة. والمعتقلات الاسرائيلية تتكدس بالشباب والشيوخ. والجرحى لايجدون دواءهم اذا كانوا محظوظين في الوصول الى أي مستشفى.

كان مناخُ تجاوزِ المتاعبِ وتَقَبُّلِها كثمنٍ بسيطٍ يمكن تحمّله، هو المناخ الذي أشعناه، رضوى وأنا، كلما تحدثنا الى تميم معاً او فرادى. وهو المناخ الذي ساعده على التخلّص بسرعة، من الشعور بأنه طفل سيئ الحظ.

أما حِكمةُ رضوى، ورعايتُها لتميم في القاهرة، وميلي الدائم

للفكاهة والسخرية والتعليقات المضحكة، التي كان يقابلها بقهقهةٍ طفوليةٍ مجلجلة عبر التليفون، فقد ساعَدَتْهُ على أن يعيش طفولةً مَرِحَةً ومُريحة.

وكان المنفى المجريّ نعيماً لتميم.

كان البيت الذي سكنّاه بيتا صغيراً في الطابق الثالث والأخير من عمارة لطيفة وسط عمارات صغيرة متشابهة يحيط بها سور بحيث يجعلها وحدة واحدة. مساحته لا تتجاوز ثمانين متراً مربعاً. وهو يقع على تلّة ذات جمال ساحر، تطل على نهر الدانوب اسمها «تلّة الزهور». للبيت شرفة صغيرة علّقتُ على سورها المعدنيّ أصصا مستطيلة تتجاور فيها شتلات الجيرانيوم ذات الورود الحمراء المكتنزة. كنت أمنحها الكثير من الوقت والعناية الى حدّ أن تميم قال لي مرة:

- إنت بتقعد مع الموشكاتلي بتاعك أكثر ما بتقعد معي ومع ماما! (الموشكاتلي هو التسمية المجرية للجيرانيوم).

وللبيت حديقة واسعة جداً تنحدر مع انحدار التل، تتوسطها أراجيح، ومربّعان رمليّان مسيّجان أُعِدّا خصيصا لأطفال الحيّ.

في وسط الحديقة شجرتان شاهقتان من أشجار الحور. متلاصقتان تقريباً. واحدة منهما أقصر قليلاً من أختها. أول ما يهتم به تميم عند وصوله الى البيت أن يطمئنّ على وجودهما في مكانهما المألوف. كان يسرع الى شبّاك غرفته الصغيرة ليتأمّلهما.

في أقصى الحديقة شجرة تفاح يتكدّس الأطفال فوقها وعلى فروعها وعلى العشب الفستقي اللون تحتها وكأنها تثمر تفاحا وأطفالاً! هذا يقطف، وذاك يلتقط، وثالث يأكل، ورابع يملأ جيوبه أو أكياس النايلون التي يحملها، ويركض الى أهله، فخوراً بمحصوله اللذيذ.

كان بوسع تميم أن يقود درّاجته ذات العجلات الثلاث كما

يحلو له دون مخاطرة. ما دام داخل البوابة الكبيرة وفي نطاق الحديقة. ورغم ذلك، كنا نطل عليه من نافذة المطبخ فنطمئن عليه بين الحين والآخر.

أما إذا تساقط الثلج أثناء وجوده في إجازة نصف السنة في بودابست فكل دقيقة عنده عيد الأعياد.

كنت أرى ما تتيحه له بودابست فأقول لنفسي إن من حق المنافي علينا أن نذكر لها بعض محاسنها إذا كنا نكره الكذب.

* * *

في هذا البيت الجميل، في هذا المشهد الطبيعيّ المبهج، وأنت تطلّ يومياً على هذه الخضرة الفستقية الفائضة بالحياة، يرنّ هاتفك ذات ليلة ليقول لك الصوت المتلعثم إن فلان توفي «قبل نُصّ ساعة». تكتشف أنك لا تستطيع المشاركة في تشييعه إلى القبر. لأنك بلا جواز سفر أو بلا فيزا أو بلا إقامة. أو لأنك ممنوع من الدخول. الخ الخ.

في الواحدة والنصف ليلاً جاءني صوت منيف عبر الهاتف.

مات أبي.

علمت بعد ذلك أنه كان تناول عشاءه وذهب للنوم. استيقظت أمي على صرخة رهيبة وانتهى الأمر.

لم أعرف ما الذي أفعله بنفسي.

نسيت تماماً ما هي عادة الصباح في بودابست. هل يطلع حقّاً كل يوم؟

والليلُ حولي لا يمرُّ،
وليس حولي مَن يُواجِعُني ويكذبُ (صادِقاً)
مِن أجْلِ روحي،

أو يلومُ هشاشتي حتى ألومَهْ!

أمّا المسافةُ بين أحبابي وبيني،

فهي أقبحُ مِن حُكومة!

❋ ❋ ❋

في المدرسة تجلت شخصية تميم كولد سريع البديهة خفيف الظل وابن نكتة. قبل ان يبلغ الثانية من عمره فاجأنا أنه يخطب مقلّدا الرئيس أنور السادات مرددا بعض مفرداته المأثورة: (حافرمه) و (بسم اللاااه) وغيرها مما نسيته الآن.

كان يعود كل يوم من «مدرسة الحرية» بالجيزة بحصيلة معتبرة من النكت التي يحفظها من زملائه المصريين.

- لحظة لحظة! اعطوني ورقة وقلم أحسن انساهم لما أرجع على الناصرة.

استغاثت نائلة في سهرة ضمتنا سويا معها ومع توفيق زيّاد في القاهرة قبل سنوات وأخذت تكتب ملخصا للنكت المتتابعة.

يحفظ كل نوادر دير غسانة وقصص المضافة وأخبار العجائز من رجالها ونسائها. يحكي بلهجتهم الفلاحية تماما كأنه ولد في «دار رعد».

غضبه الحزين على قطع شجرة التين الخضاري فاق غضب الاسرة كلها. انه لن يغفر لامرأة عمي المسكينة ما فعلته بشجرة لم يرها بعينيه ولم يأكل من ثمارها أبداً لكنه لا يتخيل دار رعد بدونها.

- انه يعرف برندتك يا «أبوحازم» غيابيا بكل ما فيها. ويستطيع أن يعرف مكان صورة عمّه منيف فيها.

هذا الولد الذي رأى النور لأول مرة في حيّ المنيل بالقاهرة عاصمة جمهورية مصر العربية والذي يخاطبنا في البيتباللهجة

المصرية، والذي لم ير من فلسطين شيئاً طوال سنواته العشرين، يتحرق لرؤيتها كأنه لاجئ اكتهل في مخيم بعيد.

يكتب أبياتا من الميجانا والعتابا فيرمي كتابه المقرر في العلوم السياسية ويأتيني في غرفة مكتبي منشرح العينين ويمسك بالعود الذي اشترته له رضوى من الشام بارشادات من نزيه ابو عفش ويبدأ بالغناء كأنه «الحزرق» مغنّي دير غسانة العجوز.

كنت أشارك بأمسية شعرية في قرطاج عام 1980 واشترينا له أنا ومارسيل خليفة أول عود في حياته. كان عمره ثلاث سنوات وكان العود بحجم دمية صغيرة لكن مارسيل جرّبه في محل الصناعات التقليدية التونسية وقال إنه عود بالفعل رغم حجمه المضحك.

في القاهرة أحضرتْ له رضوى مدرّسا لآلة العود، الاستاذ محمود فصّل له عوداً أكبر قليلا. ثم واصل دروسه على يد الأستاذ تيمور ثم الأستاذ أديب. وما زال يتلقى الدروس على يديه.

كان إميل حبيبي يقول له مداعباً:

ـ ليش ما طلعتش إرهابي زي أبوك!

* * *

عاودتُ سؤال «أبو ساجي» عن الفترة المتوقع ان تمر قبل ان نحظى بتصريح لتميم. فقال انهم يتلكأون في الموافقة على دخول الشبان. وقد يتساهلون مع كبار السن. مع من تجاوزوا الخمسين. كلمة «الخمسين» رنت في أذنيّ رنين فنجان قهوة ينكسر على الرخام قبل ان تلمسه أصابع الضيف.

أشعر انني عشت طويلا وعشت قليلا. انني طفل وكهل. أقصد في الوقت نفسه.

* * *

تأخرنا سبع سنوات قبل ان نأتي بتميم الى الدنيا.

تزوجنا في عام 1970 وقررنا منذ البداية تأجيل مسألة الانجاب (حتى تتضح الأمور!) ولم نكن ندري ما هي الأمور التي ننتظر أن تتضح! وضعنا العام أو وضعنا الاقتصادي أو السياسي او الأدبي والدراسي؟

أكملَتْ رضوى رسالتَها للماجستير في جامعة القاهرة بعد زواجنا بسنتين. ثم سافَرَتْ في بعثة حكومية الى أمهرست، ماساتشوستس لدراسة الأدب الأفروأمريكي كجزء من مسيرتها في سلك التعليم الجامعي.

كم ضحكنا رضوى وأنا من القفشة اللئيمة التي عممها الأستاذ محمد عودة عندما سأله صديق مشترك التقاه مرة خارج مصر عن أخبارنا وهل أصبح عندنا أولاد أم لا ؟ فأجابه عودة:

- رضوى ومريد قرروا أن يؤجلوا الخلفة إلى ما بعد حلّ مشكلة الشرق الأوسط!

شعرنا بعد عودتها بالدكتوراة عام 1975 أن الوقت قد حان لنوع من الاستقرار الأسريّ. حملتْ وأجهضتْ في عام 76. ثم حملت ورزقنا بتميم في 13/ 6/ 1977 أي قبل ترحيلي من مصر بخمسة أشهر.

كانت الولادة متعسرة. رأيت بعينيّ وجع الولادة فشعرت أن من الظلم أن لا يُنْسَبَ الأطفالُ الى الأم. لا أدري كيف اغتصب الرجل حق نسبة المولود لنفسه؟

ولم يكن شعوري مجرد رد فعل مؤقّت على رؤية أم تتعذب في ساعات الوضع. ما زلت أومن الى الآن أن كل «مولود» هو ابن «والدته». وهذا هو العدل.

قلت لرضوى عندما خطونا الخطوات الأولى مغادرين باب المستشفى وهي تحمل تميم على ذراعيها وعمره يومان فقط:

- تميم كله لك. أشعر بخجل شخصيّ من حقيقة أنه سيحمل

اسمي وحده دون اسمك في شهادة ميلاده.

***

ثم كان للرئيس المصري أنور السادات دورٌ حاسمٌ في تحديد حجمنا كأسرة!

فقراره بترحيلي من مصر، ترتّب عليه ان أظلّ أبا لولد واحد لا ثاني له. وأن لا يكون لرضوى ولي بنتٌ، مثل،ا الى جانب تميم. أو أن لا يكون لي عشرة أولاد وبنات بالتمام والكمال! أصبحتُ أقيم في قارّة، ورضوى في قارّةٍ أخرى. لم يكن من الممكن إن تعتني بأكثر من طفل واحد وهي بمفردها.

***

هذه هي الهوية إذاً. هوية لـمّ الشمل. غلاف من البلاستيك الأخضر اللون يضم اسمي واسم رام الله، وكلمة متزوج، وكلمة تميم، وختم فلسطيني.

***

عندما انتقل منيف من قطر للإقامة في فرنسا تعددت زياراتي له لسهولة التأشيرات ولقربه من بودابست حيث أقيم. ذات صيف كنت أشارك في ندوة دولية للمنظمات غير الحكومية في جنيف بشأن فلسطين فاصطحبتُ رضوى وتميم وأقمنا في ضيافة منيف في منزله في «فيجي فونسونو» وهي قريةٌ على مسافة عشر دقائق بالسيارة من جنيف.

لكنّ الذهاب الى جنيف (وهو أمر قد يتكرر عدة مرات في اليوم الواحد) يعني المرور بنقطة الحدود بين فرنسا وسويسرا. في كثير من الأحيان يكتفي الشرطي بإشارة من يده لسائق السيارة بأن يواصل طريقه. وأحيانا يعنّ له ان يلقي نظرة عابرة على جواز السفر قبل ان يبتسم محيياً الركّاب، ويمضي كلٌّ في سبيله.

في ذلك الصيف لم نكن وحدنا ضيوفاً عند منيف بل اجتمع عنده أيضا أقرباء زوجته وأولادهم، واثنتان من شقيقاتها.

مررنا من نقطة الحدود في سيارتين. تقدم الشرطي وطلب جوازات السفر. جمعناها وقدمناها له فرأى العجب العجاب:

وجد بين يديه جوازاتِ سفرٍ من كل حدب وصوب: أردنية وسورية وأمريكية وجزائرية وبريطانية ومن «دولة بيليز» أيضا وبأسماء تدل على أن أصحابَها من عائلة واحدة؛ فالكل «برغوثي»، بالإضافة لجواز سفر رضوى المصري وجواز سفر إميل حبيبي الاسرائيلي؛ وقد كان وقتها قادماً من الناصرة، ليشارك في الندوة الفلسطينية ذاتها في جنيف، فدعوتُهُ الى بيت منيف، ليأكل «القطايف» في بلاد الفرنجة. فهمتُ من الذين يفهمون اللغة الفرنسية ممن معنا، أن الرجل طلَبَ أن يشرح له أحدُنا هذا الكوكتيل من وثائق السفر. وعندما بدأ أحدهم يشرح الأمر قاطعه ضاحكاً:

ـ لا أريد أي شرح! لا أريد ان أفهم!

وتمنى لنا مشوارا سعيدا في جنيف. واصلنا طريقنا وقد انتقلت لنا دهشة الفرنسي من وضعنا. قال أحدهم:

ـ والله احنا فضيحة عن جَدّ يا جماعة!

* * *

لا هذه الهوية ولا حتى جواز السفر الفلسطيني الجديد الذي بدأت السلطة الفلسطينية في إصداره بعد اتفاقية أوسلو سيحلّ مشاكلنا على الحدود.

الدول تعترف على الورق بالهوية الفلسطينية وبجواز السفر الفلسطيني.

ولكن على الورق فقط.

أما على الحدود، في المطارات، فيقولون لحاملها يجب أن تحصل على موافقة مسبقة من الجهات الأمنيّة. وهذه الموافقة المسبقة لن تحصل عليها أبداً!

ورغم ذلك فملايين اللاجئين في مخيمات الشتات غير مسموح لهم بحمل وثائق سلطة الحكم الذاتي. غير مسموح لهم بالعودة غير مسموح لهم بالانتخاب ولا الترشيح ولا ابداء الرأي ولا المشاركة السياسية.

في لبنان هناك قرار حكومي الآن بمنع الفلسطينيين المقيمين في المخيمات من العمل في 87 مهنة! أي ان بوسعهم جمع القمامة وتلميع الأحذية فقط. ومن يُسمح له بالسفر من لبنان لا يسمح له بالعودة اليه.

هل يُعقل أن ينطبق هذا على أكثر من ربع مليون لاجئ فلسطيني الأصل، منهم آلاف وُلِدوا في لبنان؟ وهناك غيرهم من المقيمين فيه منذ ثلاثينات القرن وأربعيناته، أي قبل النكبة أصلاً، ولكنّ جذورَهم الفلسطينية تحرمهم من غُفران الذنبِ الفلسطينيِّ الذي، وحده، لا يُغتفَر.

لقد أخطأ بعضُ الفلسطينيين بحق لبنان، وهاهم أبناء المخيمات المعدَمون يسدّدون الثمن يومياً. وليت كل من أخطأ بحق فلسطين يسدد الثمن أيضا!

يقولون إن مواضيع اللاجئين والنازحين، أي اربعة ملايين إنسان، والمستوطنات والقدس وتقرير المصير، مؤجلة الى مفاوضات الحل النهائيّ. ما هو العاجل إذاً يا جماعة؟ ناقشتُ هذا السؤال مع معظم من التقيتُ بهم. وتركنى عدد آخر ألتقط اجابته من كلامه العابر، دون أن أوجّه له السؤال.

المؤكد أن الكلّ ينتظر. وأنّ ابتعادَ جنديّ الإحتلال عن

بيوتهم، ولو لمئات الأمتار، يعطيهم أَمَلاً مباغتا بابتعادِهِ أكثر في المستقبل.

كأن العيون في هذه الأيام تحدق في الجغرافيا أكثر من تحديقها في التاريخ.

الأشواق والصبوات والأحلام، ترجئ الإعلان عن وجودها مؤقتا. لقد تحولت الى ورشة يومية يعنى المشتغلون فيها بكل ساعة عمل هنا والآن. ولكن الملفت، برغم عزوفهم عن التحليلات الشاملة والمستفيضة وضيقهم بها، أن المرء يلمس لديهم باستمرار، ظلالاً من الإرتياب بنوايا إسرائيل وحِيَلِها ومفاجآتِها المُقبلة.

إنه أَمَلٌ مشوبٌ بالهواجس.

قليل جدا منهم يستخدم تعبير «النصر». وأكثرهم ينتظر بتوتر ويتكيّف مع الواقع المملى بصعوبة.

المستفيدون استفادة مادّية مباشرة وفورية من الوضع الجديد هم وحدهم الذين يرون فيه انتصاراً يستحقّ الرقصَ والاحتفال، ويدافعون عنه بلا تحفظ.

سمعت تعبيرات ملفتة على ألسنة المثقفين الذين وجدوا في شوارع الانتفاضة وفي الأداء المبهر للناس خلال سنواتها الأولى بالتحديد، تحققا نادرا للذات الوطنية التي كانت تتشكل يوميا بصورة تلقائية رغم كل التضحيات.

هناك شعور بارتباك المعنى واختفاء الرعشة.

قال لي أبو محمد أحد جيراننا القدامى:

ـ كان رَفع عَلَم فلسطيني صغير على سطوح مدرسة أو بيت او حتى على أسلاك الكهربا في الشوارع، يُكَلِّف الشاب حياته. كان جيش رابين يطلق النار ويقتل من يحاول رفع علم واحد. ورغم

ذلك قدمنا الشهدا طول الانتفاضة من أجل رفع العلم. الآن العلَم في كل مكان ورا طاولة كل موظف مهما صغرت وظيفته.

ـ يزعجك غياب الرومانسية من الأمر؟

ـ بل غياب السيادة الفعلية التي يعنيها العلم المرفوع. إسرائيل تحرمنا من السيادة حتى على وسائل المواصلات. وما تزال هي المرجع لنا في الأمور السيادية. شفتهم على الجسر؟ ماذا يفعل الطرف الفلسطيني على الجسر؟ مش شفت وسمعت؟

ـ شفت وسمعت.

تحدث عن الإغلاقات المستمرة للضفة وغزة بجرة قلم من حكومة اسرائيل:

ـ يمنعون حتى القيادات من السفر إن أرادوا. تظن انه بإمكانك الذهاب الى القدس؟ أو حتى الى غزة؟ أعلنوها منطقة مغلقة وحجّتهم في هذه المرة الانتخابات. يمنعون المصلين من الوصول الى الحرم حتى يوم الجمعة. حواجز وتفتيش وأجهزة كمبيوتر. لا يتوقفون عن توجيه رسالة واحدة لنا وبكل السبل: نحن الأسياد هنا.

ـ هل كان مجيئي غلطة أذاً يا ابو محمد؟

ـ بالعكس. كل من يستطيع أن يرجع وأن يقيم فليرجع على الفور. يعني نتركها للفلاشا واليهود الروس وزعران بروكلين؟ هل نتركها للمستوطنين؟ ليعد من يستطع العودة من الخارج. بتصريح، بلم شمل، بوظيفة، بالجنّ الأزرق. ابنوا في قراكم اذا قدرتم. إبنوا مستوطنات فلسطينية في فلسطين يا أخي! قال غلطة قال! يا عمّي تعالوا.

أشعل سيجارة من أخرى واستأنف مرافعته المتحمسة:

ـ بس من قال لك ان اولاد الحرام مغمّضين؟ وافقوا على

دخول بضعة آلاف غصباً عنهم أمام العالم. بس وحياتك يا أبو تميم حاسبينها بالورقة والقلم. مليح إنك عرفت [illegible]! . بس ياريتك جيت بعد الإغلاق أو قبله. حرام أن لا ترى القدس

- هل هو مستحيل فعلاً؟

- يعتبرون القدس إسرائيل. الإغلاق يعني منع التنقل بين مناطق الحكم الذاتي وإسرائيل. إلا لأصحاب التصاريح الإسرائيلية. أو اذا كان معك ما يثبت إنك V.I.P.

- وغير هيك؟

- تهريب. في ناس بيروحوا تهريب. وانت وحظك.

سكت برهة ثم قال كأنه يقرع لي جرساً:

- بس بعد هالعمر تزور القدس تهريب!

* * *

لايعرف العالم من القدس الا قوة الرمز. قبة الصخرة تحديدا هي التي تراها العين فترى القدس وتكتفي.

القدس الديانات، القدس السياسة، القدس الصراع هي قدس العالم.

لكن العالم ليس معنيّاً بقدسنا، قدس الناس.

قدس البيوت والشوارع المبلّطة والأسواق الشعبية حيث التوابل والمخللات، قدس الكلّيّة العربية، والمدرسة الرشيدية، والمدرسة العمرية،

قدس العتّالين ومترجمي السياح، الذين يعرفون من كل لغةٍ ما يكفل لهم ثلاث وجباتٍ معقولة في اليوم.

خان الزيت وباعة التحف والصدف والكعك بالسمسم.

المكتبة والطبيب والمحامي والمهندس وفساتين العرائس الغاليات المهور.

مواقف الباصات القادمة كل صباح من كل القرى بفلاّحين يبيعون ويشترون.

قدس الجبنة البيضاء، والزيت والزيتون والزعتر، وسلال التين والقلائد والجلود، وشارع صلاح الدين.

جارتنا الراهبة وجارها المؤذّن المستعجل دائما.

السعف الماشي على الطرقات في أَحَد السّعَف. قدس النباتات المنزلية والأزقّة المبلّطة والممرات المسقوفة .

قدس حبال الغسيل... هذه القدس هي قدس حواسنا وأجسامنا وطفولتنا.

هي القدس التي نسير فيها غافلين عن «قداستها» لأننا فيها. لأنها نحن.

نتجول فيها بطيئين أو مسرعين بصنادلنا أو بأحذيتنا البنيّة أو السوداء نساوم الباعة ونشتري ملابس العيد.

نتحوّج لرمضان وندّعي الصيام، ونشعر بتلك اللذاذة الغامضة عندما تلامس أجسامنا المراهقة أجسام السائحات الأوروبيات في سبت النُور. نشاركهن ظلامَ كنيسة القيامة ونرفع معهن الشموعَ البيضاءَ التي تُنيرها.

هذه القدس العادية، قدس أوقاتنا الصغيرة التي ننساها بسرعة لأننا لن نحتاج الى تذكّرها، ولأنها عاديّة كما أنّ الماء ماء والبرق برق، كلما ضاعت من أيدينا صعدت الى الرمز. الى السماء.

كل الصراعات تفضّل الرموز.

القدس الآن هي الآن قدس اللاهوت.

العالم معنيّ ب «وضع» القدس، بفكرتها وأسطورتها.

أما حياتنا في القدس وقدس حياتنا، فلا تعنيه. إن قدس السماء ستحيا دائماً. أما حياتنا فيها فمهددة بالزوال.

إنهم يحدّدون عدد الفلسطينيين فيها، وعدد البيوت الفلسطينية، والنوافذ والشرفات والمدارس والحضانات، وعدد المُصَلّين في يوم الجمعة والأحد. إنهم يحددون للسائح من أين يشتري هداياه، وأي الأزقّة يسلك، وأي البازارات يدخل.

الآن، نحن لا نستطيع دخولها سائحين ولا طلابا ولا عجائز.

الآن لانقيم فيها ولانرحل.

الآن لا يستبد بنا السأم فيها فنهاجر منها الى نابلس، أو الشام، او بغداد، او القاهرة، او امريكا.

الآن لا نستطيع ان نكرهها بسب غلاء الإيجارات مثلاً.

الأن لا نستطيع أن نتذمَّر منها كما يتذمّر الناس من مدنهم وعواصمهم المملّة المُرهِقة.

أسوأ ما في المدن المحتلة أن أبناءها لا يستطيعون السخرية منها. من يستطيع أن يسخر من مدينة القدس؟

الآن لا تصلنا المكاتيب على عناويننا فيها.

أخذوا عناوين بيوتنا وغُبارَ أدراجِنا.

أخذوا ازدحامَها وأبوابَها وحاراتِها.

أخذوا حتى ذلك المبغى السريّ الذي كان يثير خيالاتِنا المُراهِقة في حارة باب حُطّة، بغانياته البدينات كتماثيل الهند.

أخذوا مستشفى المُطّلَع، وجبل الطور الذي سكن فيه خالي عطا وحيّ الشيخ جرّاح الذي سكنّا فيه ذات يوم.

أخذوا تثاؤب التلاميذ فوق مكاتبهم ومَلَلَهُم من الحصّة الأخيرة يوم الثلاثاء.

أخذوا خطى جدتي في طريقها لزيارة الحجّة حفيظة وابنتها الحجة رشيدة. أخذوا صَلاتَهما وغرفتهما الفقيرة في «البلد

القديمة». أخذوا الحصيرة التي كانتا تلعبان عليها البرجيس والباصرة.

أخذوا ذلك الدكّان الذي كنت أسافر اليه خصّيصاً من رام الله لشراء حذاءٍ من الجلد الممتاز، وأعود للعائلة بفطائر من حلويات «زلاطيمو»، وكنافة من حلويات «جعفر». وبعد ستة عشر كيلومتراً في باص بامية، وبأجرة خمسة قروش، أعود الى بيتنا في رام الله مزهوّاً متباهياً. فأنا عائد منها، من القدس.

الآن لن أرى قدس السماء ولن أرى قدسَ حِبالِ الغَسيل. لأن إسرائيل متذرّعةً بالسماء احتلّت الأرض.

* * *

ـ صديق لك اسمه أبو نائل على التليفون.

ناداني أبو حازم. أسرعت للرد. اتفقنا أن نتقابل في منتزه رام الله. ذهبت مع حسام فوجدناه قد سبقنا واختار طاولة رغم ازدحام المكان.

سأله حسام:

ـ كيف شايف الأوضاع يا أخ «أبو نائل»؟

قال:

ـ أنا حسمتها بسرعة وبلا أي تردد ونحن في تونس. قالوا حسب أوسلو سيسمح بعودة بعض الناس. وسألوني عن موقفي. قلت لهم:

ـ اسمعوا، الموافق مكانه هناك (يقصد هنا). والمنافق مكانه هناك. والمعترض مكانه هناك. احسبوني في أي خانة تشاؤون فانا سأذهب. ولا فرق عندي أن أذهب لأكون في السلطة أو في الشارع أو في السجن. أنا سأذهب. وجئت بالفعل.

قدمت له سيجارة فردّها معتذرا:

- تركت التدخين.

- وكيف نجحت؟

- أنا أتعب جدا من تغيير سجائري. تعرف اني أدخّن الروثمان. في السنين الأخيرة صار سعر الروثمان في تونس غالي جدا. فوق طاقتي. تركت التدخين كله.

سأله حسام عن عمله الآن.

أبو نائل عمل لسنوات طويلة سفيراً لفلسطين لدى الصين واثيوبيا وإيطاليا.

قال:

- في وزارة الشؤون الاجتماعية، هنا في رام الله.

بعد ذلك انتقلنا الى حديث الأدب. أبدى إعجابه برواية غرناطة لرضوى وبالضرورة عرّجنا على قضايا الشعر. فهو صاحب ذائقة متميزة. وقارئ مدمن.

- الله يكون في عون اهلنا يا رجل. لا كتب ولا مكتبات ولا جرايد ولا مجلات كله ممنوع. أدخلت معك شيء من دواوينك؟

- أحضرت ثلاث نسخ من الدواوين الأخيرة.

فجأة قفزت «مكتبة» صندوقة الى مخيلتي.

كانت قريبةً من عمارة اللفتاوي. كنت أدخلها يوميا وأندسّ بين أرففها للفرجة على الكتب. أحب رائحتها وألوانها وملمسها. في سنوات الدراسة الابتدائية والاعدادية، كنت آخذ كتابا عن أحد الأرفف، أتصفحه، فاذا شدّني قرأت منه خِلسةً بضع صفحات وأعدته الى مكانه لأعود اليه في اليوم التالي.

هكذا قرأت أول مختارات من الشعر العربي الحديث. وفيه قصائد لبدر شاكر السياب فاندهشت لاختلاف أجوائها وشكلها وموسيقاها عن القصائد العمودية التي كنت أحاول كتابتها في تلك الأيام.

وهناك قرأت صفحات من مجلات وكتب تتحدث عن الجنس والزواج وبدأت أتلمس ذكورتي من خلال أجوائها التي لاترد في القاموس العائلي او الاجتماعي الذي يحيط بي. كنت أرى روايات لنجيب محفوظ ومحمد عبد الحليم عبد الله ويوسف السباعي وروايات ضخمة الحجم لإحسان عبد القدوس. وكتب ارنست همنجواي وجان بول سارتر وسيمون دي بوفوار وألبرتو مورافيا وكولن ولسون. ومجلة الآداب.

كنت أترك رأسي يغوص في الكتاب كرأس خروف في العشب الأخضر. إلى أن جاءني صاحب المكتبة ذات يوم وجرني من يدي الى طاولته.

حدّق برهة في وجهي ثم قال:

- يا أخي ارحمني. والله العظيم انك بتداوم في المكتبة أكثر مني أنا. وبعدين معك؟

بعد أيام طويلة عدت اليه واشتريت «البؤساء» لفكتور هوجو. لا لشئ الا لأظهر له انني قارئ متين وخطير وانني لا «أداوم» في مكتبته للتسلية والفرجة على الصور العارية (مع أن هذا الأمر كان أيضا من بين أغراضي الخفيّة طبعاً).

في تلك الليلة والنهار الذي تلاها قرأت كتاب البؤساء كله. دفعة واحدة، ولكن في بيتنا هذه المرة.

كان هذا اول كتاب أشتريه من مصروفي الشخصي. وقد حرمني ذلك من سندويشات الشاورمة العجيبة التي تنبعث رائحتها من مطعم «أبو اسكندر» الذي كنا من زواره كل مساء، لنتجنب العشاء العائليّ المتكرر، ونشعر أننا في نزهةٍ مستقلّةٍ في مساءات رام الله البديعة. كم موهبةً انكَسَرَتْ منذ النكبة في هذه البلاد؟

كم مدينةً ذبلتْ؟

كم داراً لم يَصُنْها أحَدْ؟

كم مكتبةً كان يمكن ان تتأسس في رام الله؟ كم مسرحا؟

الاحتلال أبقى القرية الفلسطينية على حالها وخَسَفَ مُدُنَنا الى قُرى.

إننا لا نبكي على طابون القرية بل على مكتبة المدينة. ولا نريد استرداد الماضي بل استردادَ المستقبل ودَفْعَ الغَدِ الى بعدِ غَدِهِ.

اندفاع فلسطين في طرقات مستقبلها الطبيعي أُعيقَ بفعل فاعل، كأن اسرائيل تريد أن تجعل الجماعة الفلسطينية كلّها ريفا لمدينة اسرائيل. بل إنها تخطط لردّ المدن العربية كلها الى ريفٍ مؤبّدٍ للدولة العبرية.

هل يُعقل ان أذهب الى الحِسْبة، سوق الخضار في رام الله، بعد غياب ثلاثين سنة فأجدها على حالها الذي كان رثّاً منذ ثلاثين سنة وكأن الباعة لم يغيّروا صناديقهم ولا ملابسهم ولا يافطات أسعارهم؟ وها يعقل أن أجد أرضيتها كما كانت تماماً، كسطح المستنقع، لزجةً، غامقة اللون، مغطاة بالبقايا والقشور والعفن الملوّن؟

وهل يُعقَل أن أتأمل واجهات المباني المطلّة على الشارع الرئيسي، فأجدها تكاد تشبه أرضية الحسبة؟

لم أذهب الى القدس ولا إلى تل أبيب والمدن الساحلية لكنّ الجميع يتحدثون عنها كقطعةٍ من أوروبّا في تنسيقها وخُضرتها ومصانعها ومنتجعاتها.

ركضوا بكل ما لديهم الى الأمام واتخذوا كل التدابير اللازمة ليطمئنّوا أننا سنظلّ نركض إلى الخَلْف.

كنت أتأمل الحال مع كل مشهد تراه العين وكل كلمة تسمعها الأذن. هنا، من هنا يمكن ان تكون الحقائق تجسيداً لا تجريداً، إنها تبني ذاتّها على تراب الواقع، لا على سراب الأفكار المسبقة.

هنا تعود الفكرة الى جسدها.

* * *

غادرنا منتزه رام الله و وافترقنا.

عدت بصحبة حسام إلى البيت مشياً على الأقدام.

رام الله الموزعة على هذه الربوات والتلال الخضراء لها نكهة قرية. اتصالها المباشر بالبيرِة قد يعطي انطباعا بأنهما معا يشكلان مدينة. لكنّ جوّ الحياة في رام الله والبيرِة معاً يظل جواً ريفياً.

علاقاتُ الناس ببعضهم هنا هي علاقات الريف. العائلات تعرف بعضها فرداً فرداً. معظم المارة في طرقاتها ينادون على بعضهم بالأسماء. بعد أن تجمّع فيها عدد كبير من العائدين من الشتات مع السلطة الفلسطينية الجديدة، بدأت بالتدريج تتخذ لها صفةً من صفات المدن، التي هي بطبيعتها ملتقى للغرباء.

الملفت في حالة رام الله أو البيرة ان الغرباء هنا ليسوا غرباء على الإطلاق. انهم الأبناء الغائبون وقد أصابتهم الغربة، وأبناء القرى المحيطة، وأبناء المدن الضائعة منذ النكبة في 1948، الذين اختاروا العودة اليها والإقامة هنا تحديداً وفي الضواحي الآخذة في التمدد التدريجي، توخياً لملامح ليبرالية في الأفق الإجتماعي ولطراوة المناخ وجمال الطبيعة. ثم إنها تكاد تلتصق بالقدس جغرافيّاً. والقرب من القدس بديل مؤقت لاحتمال حرمان الفلسطينيين منها في نهاية المطاف.

قال حسام إنه قد يسافر الى عمان بعد أسبوعين.

ـ خير؟

ـ عرس سليمان. قرروا يعملوا العرس في عمّان.

ـ أي سليمان؟

ـ ولو! ابن أخت سهى يا رجل. ابن سامة

ـ لكن سليمان وعروسته عايشين هون في الضفة.

ـ خالاته وقرايبه وقرايب العروس برة. وأهل والده في القدس. لا تصاريح ولا إذن زيارة. اللقاء في عمّان أسهل لمعظم الناس.

ـ أمّا حالة!

عندما تَزَوَّجَت «اعتقال» من «روبرت» في بودابست كنت أظن أن زواج الغرباء هو الذي يتم في المنافي البعيدة، كنت أظن أن الوطن هو الدواء الوحيد للكدر المكتوم الذي كنت أقرأ محاولاتها لإخفائه عني وعن العريس والمدعوين.

هل الوطن هو الدواء حقا لكل الأحزان؟ وهل المقيمون فيه أقل حزناً؟

تعرّفت على اعتقال في بودابست ضمن من تعرّفت عليهم من المهاجرين العراقيين. قالت لي في لقائنا الثاني:

ـ انت الوحيد اللي ما تندّرت على اسمي. كل من يسمعه يسألني عن هذا الإسم العجيب. إلا انت. كمّلت حديثك دون ان تضطرني للشرح والتفسير.

قلت لها مداعباً:

ـ «ولكن يبدو أنك راغبة في الشرح رغم ذلك!

تصادقنا.

أنا أتجنب السلوكات الجاهزة والمفروغ منها عادةً. بالاضافة الى ذلك فانني فيما يتعلق بالمرأة لا أعلق اطلاقا على مظهرها الخارجي. ولا أقول لها كلما قابلتها، «أنت مشرقة اليوم» أو «ما هذا الجمال والسحر!» وبقية الكليشيهات الأخرى.

طال مكوثنا في المجر وتخرجت اعتقال وحصلت على

الدكتوراه في مجال السينما وكانت تترجم لبعض المجلات الأدبية في بودابست.

كانت تجلس بالساعات تحكي لرضوى ولي عن أمها في العراق وعن أشقائها وعن غربتها في بودابست.

جاءتني ذات يوم بعد تعرفنا بسنوات لتبلغني بأنها ستتزوج من محامٍ مجريّ اسمه روبرت، وأنها تريدني وكيلاً عنها في مراسيم الزواج. ولم أضطرها لشرح الظروف التي دفعتها لتجاوز كل زملائها العراقيين في المجر، لتلجأ لي بالذات لتزويجها، ولتختارني من بين كل من تعرفهم في هذه الغربة، وليّاً لأمرها.

وهكذا وجدتني في أعجب أوضاع الغريب!

اصطحبها في سيارتي التي زيّنتها بالورود، الى مكتب عقود الزواج في الحيّ الحادي عشر في بودابست. ووجدتني أهتم بارتداء بدلة رسميّة كحلية اللون وأهيّئ نفسي لحدث لا يتكرر كثيراً بل ومن النادر أن يحدث لشاب ما زال في الثلاثينات من عمره. هي ارتدت فستان العرس الذي استأجرته من محل متخصص، واحتضنَتْ في حِجْرِها باقةً صغيرةً من الزهور البيضاء والصفراء.

عندما انطلقنا بالسيارة كان الرذاذ المسائيّ الخفيف يلمع قطرةً قطرةً على أضوائها الأمامية. وكنا، أنا الذي لا شقيقة لي، واعتقال، التي تصطحبني لأزوّجها في الغربة، نتبادل نظرات اعترافِ كلٍ منا بالجميل الذي يسديه للآخر.

أمام مكتب العقود كان المطر ينهمر بشدة فوق رؤوسنا ونحن نقطع الرصيف العريض إلى القاعة.

كان روبرت بالغ السعادة في ذلك المساء ولم ينتبه للدموع التي لمعت في عيني اعتقال بشكل مباغت.

التفتت إليّ فاتضحت دموعها أكثر.

ـ أمّي كانت تقول لَي لا تخلّي الميّ تفور من القِدر أحسن تتزوّجين بالمطر. شفت يا مريد، دا تشتي.

جلسنا أمام موثّقَةِ العقود التي كانت ترتدي العلم المجري وشاحاً على صدرها. كنت أرغب في الضحك من كل هذا المشهد الذي وُضعتُ فيه! لكن الرعشة في صوت اعتقال وهي تقول باللغة المجرية «إيجان» أي «نعم» نقلتني فوراً الى حالة لا ينفع معها الضحك. وضَعْتُ توقيعي على العقد.

غادرنا القاعة الى عشاء في أحد المطاعم. كان موكب العرس قليل العدد.

سألتني اعتقال على العشاء:

ـ مريد، انت شفت عرس عراقي بالعراق؟

* * *

في زيارة لاحقة قمت بها إلى بودابست، بعد ان ارتحلتُ منها نهائياً، سألتُ عن اعتقال وروبرت وزرتهما.

عرّفاني على طفلتهما الوحيدة «هانّا» التي تقول عن القطة «بزّونة» وتتحدث معي باللهجة العراقية الأصيلة وتسألني إن كنت أحب «كارمينا بورانا» لكارل أورف!

أعرف جيّداً أنّ أعراس المنفيين ليست كلها كذلك.

بعض أعراس المنافي تكون باذخة واستعراضيّة الى درجة الإبتذال، لكنّ عرس اعتقال كان درساً في الوَحشة والشعور بأنك «قليل»، بلا عزوة وبلا تقاليد وبلا تاريخ يسبق وجودك هنا والآن.

كان المسكوت عنه الذي يدور في الأذهان قاسيا، المكتوم يمعن في التواري ليفسح المجال للفرح المعلن. وكانت اللحظة في النهاية لحظة فرح لا بسبب حاتنا بل بالرغم منها. لكنني لم أقل لها شيئاً من هذا. وهل كنتُ أو كانت هي بحاجةٍ للقول؟!

الغرباء يلتقون بالغرباء. وتجربة الموجوعين العرب علمتني أن وجعي كفلسطيني هو جزء من كلّ. وتعلمت أن لا أبالغ فيه.

كل من كُتب عليهم المنفى يتقاسمون الصفات ذاتها. ففي المنافي تختلّ المكانة المعهودة للشخص.

المعروف يصبح مجهولاً ونكرة.

الكريم يبخل.

خفيف الظل ينظر ساهماً.

الشكوك التي تحوم حول حظوظ المحظوظين منهم تتحول إلى مهنة من لا مهنة له إلا مراقبة الآخرين.

كانت أوروبا التي أقمت في وسطها سنوات وتنقلت فيها شرقاً وغرباً تغصّ بهم، من كل بلدان العرب. لكل منهم قصة لا أستطيع كتابتها. وقد لا يستطيع كتابتها أحد. هدوء المنافي وأمانها المنشود لا يتحقق كاملاً للمنفيّ. الأوطان لا تغادر أجسادهم. حتى اللحظة الأخيرة، لحظة الموت.

«السَّمَكَة،
حتّى وهيَ في شِباكِ الصَّيادينْ،
تَظَلُّ تحملُ
رائِحَةَ البَحْرْ !

إن قصص الأوطان المجروحة كقصص المنافي الآمنة؛ لا شئ في الجهتين يتم على هوى الضحايا.

أتذكر فيلم ميشيل خليفي «عرس الجليل» الذي صوّر مناظره وأحداثه في «دير غسانة» والذي يدور حول عرسٍ يُرادُ له أن يتم على أروع وأكمل وجه، ولكن الأحداث تتطور في اتجاهات معاكسة للآمال المرجوّة باستمرار. لنكتشف أنْ لاشئ يتم على ما

يرام في واقعٍ كالواقع الذي ينسجه الفيلم، الواقع المجرَّح، واقع الإحتلال.

في المنفى لا تنتهي الغصة. إنها تُستأنف.

في المنفى لا نتخلّص من الذعر. إنه يتحول الى خوفٍ من الذعر.

ولأن الملفوظ من بلده محبط والهارب من بلده محبط، فإن المجموعات المنفيّة لا تستطيع أن تتجنب التوتر و«النرفزة» في التعامل اليوميّ فيما بين أفرادها.

عيونهم يقظة دائما لتقييم بعضهم البعض. مشاعرهم وهواجسهم الساخنة إزاء ذويهم المتروكين في الوطن لا تجد لها أملاً ممكناً إلا محاولاتهم الواعية لتبريدها عمداً، فيبدو الشخص منهم قاسياً رغم رقّة طبعه ورهافته. وعندما تستيقظ العاطفة لسبب ما، أو حتى بلا سبب، خذ ما تشاء من الحزن!

وكما أنهم تخلّصوا من وضعٍ لم تكن الأمور فيه على ما يرام، فانهم يكتشفون أن الأمور في المنفى أيضاً لا تتم على ما يرام.

* * *

8

لمّ الشمل

عدنا إلى البيت لنجده مكتظا بالضيوف وأبو حازم يقول:

ـ وينك يا رجل؟ قلقنا عليك. وين أخذته يا حسام؟ رضوى وتميم اتصلوا من مصر وام منيف من عمان والبيت مليان. وسأل عنك اكثر من واحد بالتليفون.

كنت طلبت من رضوى ان ترسل لي بالفاكس صورة عن شهادة ميلاد تميم لاستكمال طلب التصريح الخاص به. وأعطيتها رقم فاكس وزارة الثقافة. أكَّدَتْ أنها أرسلَتْهُ.

في صباح اليوم التالي ذهبت للحصول عليه.

التقيت بالأصدقاء يحي يخلف ومحمود شقير وعلي الخليلي ووليد وقيل لي إن الوزير موجود فدخلت للسلام عليه، وكان في اجتماع مع عدة اشخاص، عرفت من بينهم الدكتور حنا ناصر رئيس جامعة بير زيت الذي حياني وقال مداعبا «أهلا بالمعارضين».

في الوزارة دار نقاش مستفيض حول موقف المثقفين المصريين من التطبيع ومن العلاقة مع إسرائيل.

قلت فيما قلت إن من أجمل مواقف المثقفين المصريين

موقفهم من هذه المسألة. وان من مصلحة القضية الفلسطينية ان نؤيد جهودَهم في هذا الإتجاه. وان نكون سعداء باستمرارهم في هذا الموقف. هم بذلك يخوضون معركتهم الثقافية المصرية والعربية ومعركتهم ضد تبعات كامب ديفيد وضد سياسات إسرائيل التي تتجبّر فينا هنا.

يجب أن لا ننسى أن الحركة الطلابية المصرية العظيمة التي بلغت أوجها عام 1972 في اعتصام جامعة القاهرة ولدت من رحم «جماعة أنصار الثورة الفلسطينية» بكلية الهندسة في تلك الجامعة. وان القضية الفلسطينية كانت محور نضالات الشباب المصريين وسبباً في تشكيل مصائر العديدين منهم وتكوينهم الفكري والثقافي.

قلت أيضاً إن العالم كله يمارس ضغوطاً ضد الفلسطينيين في الحرب وفي السلام، بينما لا أحد يضغط على إسرائيل. نذهب للتفاوض، نطلب خطوة من رئيس وزرائهم فيرفض. «نحرد» ونغادر الجلسة ونشكو أمرنا لزوجاتنا ولبعض الصحفيين الذين لا يملكون من أمرهم شيئاً. بينما السيد رئيس وزراء إسرائيل يغادر مائدة التفاوض لينام في . . . القدس!

مَن مِنّا في الوضع الأصعب هنا؟ ألا يستحق العدو شيئاً من الصعوبة؟

طلب مني الأصدقاء أن أقدم لهم مخطوطة من أشعاري لطباعتها. فضلت أن يضم أول كتاب لي يصدر في الوطن مختارات من شعري وليس ديواناً واحداً.

القطيعة بين شاعر الغربة وأهل بلده تكون كاملة أو شبه كاملة، فهي لا تعتمد على الكتب. إسرائيل كانت تمنع إدخال معظم المؤلفات الفلسطينية والعربية نثرا وشعرا. قصاصات الصحف

وبرامج الإذاعات والتلفزيونات العربية والكتب القليلة المهرّبة كانت تشكل نوعاً من الحل.

وعَدت الصديق محمود شقير أن أترك له قبل مغادرتي مجموعة من القصائد المختارة وقد طبعوها بعد شهور بالفعل وصدرت عن وزارة الثقافة بالتعاون مع دار الفاروق بنابلس. أخيراً عاد مني الصوت أو بعضه الى أصحابه ومكانه.

* * *

توجهت الى المركز وكررت شكري «لأبو ساجي» على عنايته واهتمامه وأعطيته شهادة ميلاد تميم.

ـ اطمئن. ان شا الله خير. اترك لي تليفونك وعنوانك في عمان او في مصر وانا اول ما تصل الموافقة بخبرك بنفسي.

ـ بإمكانك أن تتصل بأنيس أيضا. هو عارف طريقي. ولكن متى تتوقع صدور الموافقة؟

ـ يمكن تتأخر. انت مستعجل جدا؟

ـ تميم جاي لعمان بعد أسبوعين أو ثلاثة. أنا راجع الى عمان بكرة. اذا وصل التصريح بسرعة سأرجع الى رام الله ومعي تميم. المهم يوصلنا التصريح قبل بداية العام الدراسي لأن تميم وراه الجامعة زي ما انت عارف.

ودّعته وخرجت.

* * *

تميم سيعيش هنا ذات يوم.

ذات يوم كنت أشارك في ندوة في فينّا. غادرت مقعدي لاجراء مقابلة صحفية سريعة وعدت لأجد سيدة تجلس مكاني فاذا بها المحامية الإسرائيلية فيليسيا لانجر المتخصصة في الدفاع عن المعتقلين الفلسطينيين.

أدارت رأسها الى الخلف، رأتني واقفا، فقالت:

ـ يا الهي! نحن متخصصون في احتلال أماكن الفلسطينيين حتى ولو في النمسا!

كنا في أسوأ فترة من الثمانينات حيث وصلت حرب المخيمات الفلسطينية في لبنان إلى أقذر مراحلها. المنظمة متشرذمة تتحارب فيها الفصائل بهمجية. شهداء صبرا وشاتيلا يموتون للمرة الثانية ببنادق الطرفين الفلسطينيين ومن يناصرهما. وأضيف لهم أيضا شهداء جدد من المخيمين ومن برج البراجنة. الأبرياء يُقتلون بلا هدف معلن.

كنا في استراحة بين جلستين على مائدة واحدة في بهو فندق المؤتمر، قياديان من الحركة الوطنية اللبنانية والسيدة لانغر ويفجيني بريماكوف خبير الشؤون العربية في الاتحاد السوفييتي وصديقان من السويد.

جاء من يخبرنا بأن مفتي لبنان حلّل لأهالي المخيمات في بيروت أكل القطط والكلاب. لم أكن متأكدا مما إذا كان الخبر حقيقياً أو مجرّد استغاثة أخرى عبر وسائل الإعلام، لوضع حدٍ للجحيم الذي بدا بلا نهاية. لكن تراكم التوتر مما وقع في المخيمات طوال الأيام الفائتة وعبثية الاقتتال والقتل، استحضرت ذلك الشعور باختلاط المأساة بالمسخرة مرة أخرى. قلت لفيليسيا :

ـ أين نذهب يا ناس؟ هل تقبلينني لاجئا في «بلدكم»؟

تعمّدت استخدام هذا التعبير كأنني أريد أن أعرف كيف تنظر هي الى «بلدنا». كنت أشير متهكّما الى مسؤولية إسرائيل عن وجودنا في صبرا وشاتيلا وبرج البراجنه. عن وجودنا في مخيمات أصلاً. وعن وجودنا دون إرادتنا في بلاد الآخرين. وعن شكل مصيرنا كله. في فلسطين وفي الشتات.

توقعت منها (نتيجة لمواقفها المعروفة والمساندة لنا) أن تلطم

خديها مثلا، أن تتأمل عبارتي قليلاً فتعتذر عن جرائم دولتها ضدنا. فاذا بها تفشل في التقاط المرارة المدوّية والنبرة الهستيرية في عبارتي ويأتيني ردها مذهلاً كصفعةٍ على وجهِ كهلٍ نائم:

ـ يا ريت! لكن قوانين حكومتنا لا تسمح بذلك!!

الاسرائيلي قد يتعاطف معنا، غير أنه يجد صعوبة عظيمة في التعاطف مع «قضيتنا» ومع روايتنا. إنه قد يمارس رأفةَ الغالبِ بالمغلوب، وقد يشْبهُ العدوّ من يعاديه؛ وفي فلسطين تطابَقَ الشّبَهُ واكتمل: المكان للعدو. المكان لنا. الرواية روايته والرواية روايتنا. أقصد في نفس الوقت.

لكنني لا أقبل الحديث عن حقّيْن متساويين في الأرض، لأنني لا أقبل أن يدير اللاهوتُ في الأعالي الحياةَ السياسيةَ على هذه الأرض.

ورغم ذلك كله فلم أكن ذات يوم مغرماً بالجدال النظري حول من له الحق في فلسطين. فنحن لم نخسر فلسطين في مباراة للمنطق! لقد خسرناها بالإكراه وبالقوة.

عندما كنا نحن فلسطين، لم نجفل من اليهودي. لم نكرهه ولم نعاديه. كَرِهَتْهُ اوروبا العصورِ الوسطى، ولم نَكْرَهْهُ نحن. كَرِهَهُ فرديناند وإيزابيللا، ولم نَكْرَهْهُ نحن. كَرِهَهُ أدولف هتلر، ولم نَكْرَهْهُ نحن. عندما طَلَبَ مكانَنا كلَّهُ ونفانا منه، أخرجَنا وأَخرجَ نفسه من قانون التساوي، صار عدواً. وصار قويا. صرنا غرباء وضعفاء.

أخذ المكان بقوة المقدَّس وبقداسة القوة. بالخَيال وبالجغرافيا.

هل أستطيع ان أحفظ حقّ تميم في هذا المكان؟

فليدخلْ هذا الصيف، ليدخلْ بعد صيفين أو ثلاثة، ليدخلْ بعد عشرين صيفاً. المهم ان يكون من حقه أن يعيش هنا ذات يوم.

حتى لو اختار الغربة بعد ذلك. فالغريب الذي يستطيع العودة الى مكانه الأول يختلف عن ذلك الذي تلهو به غربته لهواً دون أن يكون مستشار نفسه.

أَنْظُرُ الى أُبُوَّتي لتميم وأتذكَّرُ أُبُوَّةَ أبي لنا. لعلّهُ كان أكثر حناناً علينا؟ أم أننا ببساطة جيلٌ يتجنّب، عن قصد، إظهارَ كل عاطفته أمام الآخر، حتى أمام الإبن؟

لعلّه تَهَرُّبٌ ناجمٌ عن حساسية من نوع آخر. كأننا، بكتمان العاطفة الصاخبة، نريد أن نقترح نموذجَ التحمّل والقدرة على مواجهة مفاجآت الأيام. نقترح ذلك على الأبناء وعلى أنفُسِنا قَبْلَهُمْ. كأننا نختار الجانب العمليّ في التعبير عما بداخلنا ونتجنّب عمداً تشجيع أبنائنا على الوضوح العاطفي.

عندما كنت أودّع رضوى وتميم في مطار بودابست لم أكن أكفّ عن المداعبة والحديث بصوت مرتفع نسبياً في كل الأمور إلا في الموضوع الذي يشغل بالنا جميعاً، وهو رحيلهم الوشيك.

كان وداعُ أبي أو امي لأي ولدٍ منا مشهداً شديد الوطأة على الجميع. عندما وَدَّعَنا منيف المسافر للعمل في قطر، فوجئنا بالوالدة تسقط من بين أيدينا على بلاط مطار قلندية وقد أُغمي عليها، وفقدَت الوعيَ والنطق لدقائق، مما سبَّبَ لنا، نحن الأولادَ الصغارَ، هَلَعاً وارتباكاً وفوضى.

وكان أبي يكتب لي رسائل مؤثّرة لا أعرف كيف أتجنب الاضطراب بعد قراءتها.

أعامل تميم معاملةَ زميلٍ أو ند؛ ولا أتبين مدى تعلّقي به الا عندما أتحدّث عنه أمامَ أصدقائنا الآخرين، وفي غِيابِهِ.

وحتى في التخاطب اليومي مع رضوى، يغلب الطابع الذي يُواري، والذي لا يُفْصِحُ بالمفردات اللغوية، عن العاطفة. إنها «مَزيجٌ مِن الجَمالات»، أقول ذلك للأصدقاء والصديقات، ولا

أظنني قلته لها مباشرة ذات يوم. عندما أرسم صورة شعرية لها فإن القصيدة تصبح إصغاءً للذات، وليست قولاً لمخاطبتها.

في الخطاب اليومي معها ومع تميم أُكْثِرُ من المزاح والمداعبات والإجابات غير المتوقّعة التي تصل الى حدّ المناكفة، والاستفزاز اللطيف، لكنه استفزاز.

أَعْجَبُ للذين يحتفظون بصورِ مَن يحبّون في جيوبهم أو محافظهم الجلدية وحقائب سفرهم. إن فعلتُ ذلك فلسببٍ عَمَليٍّ بحت. هذه المرة مثلاً أحضرْتُ عِدَّةَ صُوَرٍ صغيرةٍ لتميم من أجل إرفاقِها بطَلَب الهويّة.

عندما زارت لطيفة الزيات قواعد الفدائيين في الأردن في أواخر الستينات عادت الى القاهرة تصفهم بوصفٍ لم أَجِد أعذبَ منه. قلت لها كيف وجدتِ الناسَ هناك؟ قالت وهي تضحك: إنهم «أجلافٌ طيّبون».

***

هل سرق اللصوص رِقَّتَنا؟

من سَرَقَها إذاً؟

الآن، الأجلاف الطيّبون هم أطفال الإنتفاضة. مِن أين أتوا بكلّ هذه الصّراحةِ المَشُوبةِ بالخشونةِ؟

الذين خالَطْتُهُم منهم في نِطاق العائلة والأصدقاء، وجَدْتُهم أقلَّ خوفاً وأقل تحفّظاً وارتباكاً منّا ونحن في مثل سنّهم. مهاراتهم اليدوية مُبْهِرَةٌ لشخصٍ مثلي. قُدْرَتُهم على المُحاججة والنقاش وسَوْقِ البراهين ورواية القصص، تفوق قدرة الأطفال من أمثالهم في البلدان التي تحيا في ظروفٍ طبيعيّة.

هل لأنهم رأوا الكثير؟ هل لأنهم تحمّلوا مسؤوليلتٍ مُبَكِّرَة؟ هل هم كذلك لأن أهاليهم انشغلوا بأمورٍ أخطرَ من تدريبهمْ على

الحَياءِ والخزبلة؟ يتحدّثون في الفصائل والأحزاب ويقولون لك هذا فتح، وذاك حماس، وذاك شيوعي، أو جبهة، الخ. يحفظون الأغاني والأناشيد الوطنية ويتقنون الدَّبْكة أو يتدرّبون عليها. ولا يترددون في ان يغنّوا لك أغنية، أو يرقصوا رقصة يعرفونها، عند أوّل طلب أو رجاء يُوَجَّه لهم. لا أريد أن أقول إنهم أفذاذ أو عباقرة، ولكني أريد أن أشير الى حساسية مختلفة اختلافا بيّناً عن مألوف الطفولة كما عشناه نحن.

كان أبي يستدعيني أحياناً أمام ضيوفه لأُسَمِّعَ نشيداً مدرسياً مثلاً او حتى جدول الضرب أو قصيدة مقررة من نوع «عصفورتان في الحجاز حَلَّتا على فَنَنْ»، فأشعر برغبة في الهرب من الدار كلها! وأخترع كل الأعذار الممكنة لأتجنب ذلك الموقف.

أما «حَبّوب» فقد جلس ملتصقاً بي على الكنبة في برندة جدّه «أبو حازم» وقال لي مباشرة وبدون مقدّمات:

- أغنّي لك أغنية يا عمّو؟

وفي يوم آخر قال لي:

- أنا رايح للدكان أشتري بسكوت. شو بتحبّ أشتري لك؟ معي مصاري.

وأخرج «أمواله» من جيب بنطلونه القصير، ليبرهن لي على صحة تصريحاته وأضاف بعد أن قبّلته شاكراً:

- أنا باحكي كلام جد.

- أنا اللي بدّي أشتري لك هديّة. قل لي شو اللي بتكون سعيد لو أهديتك اياه؟

فإذا به يجيبني بسرعة:

- تعال نام عندنا. ليش انت دايماً عند بيت جدّو أبو حازم؟

قلت «لأبو يعقوب» ان ابنه لطيف جدا، وحكيت له عن دعوته

لاستضافتي، وحماسِهِ لشراءِ شيءٍ لي من الدكّان. فقال لي وهو ينظر إلى الولد نظرةً تمزج بين الإعجاب المستتر والتلميحِ التربويّ:

ـ هذا ولد أزعر! كل يوم بيرجع من مدرسته بمشكلة، إمّا ضارب ولد أو مجنّن الأستاذ!

نعم.

لعلّ هذا ما أردتُ أن أُلَخِّصَهُ حول طفل الإحتلال:

الشخصيةِ المُرَكَّبَةِ التي تَجْمَعُ شفافيةَ المشاعر واقتحاميّةَ السُّلوك.

الفزع والجرأة،

الهشاشة والغلظة.

تساءلتُ مُجَدِّداً عن ذلك الرُّكام المُسَمّى «شِعر الحجارة» والقصائد التضامنية مع «أطفال الحجارة».

إنه التسطيح الذي يأخذ القريب والسهل من كل حالةٍ إنسانيةٍ فيطمسها بدلاً من أن يُظْهِرَها؛ ويُسيءُ إليها في نفس اللحظة التي يزعم فيها أنّهُ يُمَجِّدُها.

إنّه الفرقُ الأبديّ بين العمق والضحالة. انه الفارق بين الفنّ وحِصَصِ الإنشاءِ السياسي. واللافت للنظر أن الكُتّاب الذين عاشوا تحت الإحتلال وعاشوا الإنتفاضة، وَقَعوا في نفس الخطأ الذي وقع فيه كُتّابُ الخارج؛ ففشلوا، مثلهم، في النفاذ الى جوهر مادّتهم الشعرية حتى وهم يكتبون تجاربهم الحيّة.

قلت لنفسي إن المسألة في جوهرها تكمن في شرط المعرفة الأكثر دقّة بالحياة، وفي النضج الإنساني الذي هو أساس كل نضج فني. وهي سِماتٌ لا يقوم عملٌ فنيٌّ مُدْهِشٌ بدونها، بِغَضِّ النظَر عن التجربة المعاشة.

المهمّ هو تلك البصيرة النافذة والحساسية الخاصة التي نتلقى بها التجارب وليس التواجد في موقع الأحداث فقط. فهذا، على أهميته، لا يكفي للفن. قلت لنفسي إن الفنّ مُتطلِّب. الفنّ طمّاع.

لقد عشنا غربتنا في بلاد الآخرين، وعايشنا غرباء يشبهوننا، فهل كتبنا غربتنا؟ ما الذي يجعل قصّتنا، نحن بالذات، جديرة بأن يصغي لها العالم؟

ومن يصغي لقصص أولئك الرجال والنساء والأطفال الذين أخذتهم الغربة إلى الضفة الأخرى التي لا يعود منها أحد، ضفة الموت «الأشهب المُبْتَلّ»؟ لقد تبعثر موتانا في كل أرض. وفي أحيان لم نكن ندري أين نذهب بجثثهم والعواصم ترفض استقبالنا جثثاً كما ترفض استقبالنا أحياءً.

وإذا كان موتى الغربة وموتى السلاح وموتى الإشتياق وموتى الموت البسيط شهداء، ولو كانت الأشعار صادقةً وكان كل شهيد وردةً، فيمكن لنا أن ندّعي أننا صَنَعْنا مِن العالَمِ حديقةً.

* * *

هذه ليلتي الأخيرة في رام الله.

قدمت الطلب بتصريح لمّ الشمل لتميم وشعرت ان هذه الخطوة تعد وحدها إنجازاً وهي كذلك بالفعل.

مَرَّ اليوم مزدحماً بالضيوف من الأهل والأصدقاء والجيران والزملاء تختلط فيه الأحاديث وأنا أحاول أن أكون الطرف الذي يسمع، لا الذي يتكلّم.

أخرجت أوراق «منطق الكائنات» ودخلت الى سريري.

في الغرفة، الصمت كاملٌ كأنه دائرةٌ مرسومةٌ في كِتابْ.

منذ فترة وأنا أَمْيَلُ للإصغاء.

«منطق الكائنات» كلّه قائم على أن الكائنات من جماد ونبات

وحيوان وإنسان هي التي «تقول». ودوري هو الإكتفاء بالإصغاء الى أقوالها.

في ديواني الأوّل كنت أقترح على البشرية أمراً لا أقلّ من «الطوفان وإعادة التكوين». كنت في العشرينات من عمري. إنه السن المناسب تماما للتأكد من الحكمة!

كنت أكتب الشعر في الجامعة ثم في الكويت التي اضطرني خالي عطا الى الذهاب اليها عندما التقيته في الـ 67 في مصر لرعاية أسرته. كنت أتملّص من البقاء هناك.

كنت أريد أن أواصل اهتمامي بالشعر والأدب. نشرت في مجلاّت «الآداب» و«مواقف» و«الكاتب».

لرضوى يعود الفضل الأكبر في اتخاذنا قرار ترك الكويت نهائيا والسفر الى القاهرة. كنا تزوجنا سنة 1970 وبعد أقل من عام واحد غادرنا الكويت نهائياً. قررنا السفر الى بيروت والبقاء فيها بضعة أيام، قبل أن نركب الباخرة الى الإسكندرية فالقاهرة.

في بيروت نزلنا في فندق الحمراء.

من غلاف أحد الدواوين أخذت رقم تليفون «دار العودة».

ـ ألو، الأستاذ أحمد سعيد محمدية؟

ـ نعم

ـ أنا اسمي مريد البرغوثي و..

ـ يا أهلاً بالشاعر. إنت بتحكي من بيروت؟

كانت رضوى بجانبي في الغرفة وضعت يدي على سماعة الهاتف وقلت لها مندهشاً:

ـ بيقول لي أهلاً بالشاعر!

كنت أظن انني بحاجة لمقدمة ذكية وطويلة لطلب موعدٍ للقائه وطرح فكرة نشر ديواني الأول في الدار المرموقة التي هو صاحبها

ومديرها. وكنت وأنا المقيم في الكويت أظن أن أحدا لم يسمع بي في بيروت، عاصمة النشر العربي. ثم واصلت حديثي:

ـ أنا في فندق الحمرا.

ـ شرّف اشرب فنجان قهوة. أكيد عندك ديوان. هاته معك.

في دقائق وافق على نشره وصدر بالفعل في يناير 1972 كنت أعطيت نسخة أخرى من المخطوطة لمنى السعودي لتصمم لي غلاف الديوان. رسمَتْهُ بالفعل. لكنها وضعت عليه اسم منيف البرغوثي بدلا من مريد البرغوثي!

بالطبع لم يكلف صاحب الدار نفسه إعادة تصميم الغلاف فظهر الديوان وقد أُخفيَ اسم منيف بمستطيل من الحبر الفضّيّ وكتب اسمي فوقه.

ما يزال بوسع المدقق أن يقرأ الإسمين ممتزجين مع بعضهما الى يومنا هذا.

كل ما في الأمر أن منى كانت تعرف منيف ولا تعرفني قبل لقائي بها ويبدو أنها سهت أو اختلط عليها الأمر.

المهم أن امتزاج اسمي واسم منيف بهذه الصدفة العجيبة اكتسب عندي وعنده بعداً رمزياً محبباً، مما خفف من قبح الغلاف.

* * *

أحاول أن أنام

لا أنام.

أكتب شذرة من هنا وشذرة من هناك.

ملاحظات عابرة، تلخيصات سريعة لمناقشةٍ ما. عندما أطفئ النور وأغمض عينيّ تبدأ ثرثرة العمر تعلو في هذه الغرفة الهادئة المعتمة.

هواجس وأسئلة وصور عن الحياة التي مرَّتْ والحياة التي تنتظرني وتنتظرنا.

انهماكُ النهار يتحوّل في الليل الى وطأة وثقل.

هناك شيء يطالب بأن يكتمل ولكنه لا يكتمل.

أحاول قياس المسافة التي خلّفها البُعد بين الأحياء هناك والأحياء هنا. وبين الأحياء والموتى هنا وهناك.

أمسك بمخطوطة «منطق الكائنات» وأقرأ:

السعيد، هو السعيد لَيْلاً،
والشقيّ، هو الشقيّ لَيْلاً،
أمّا النهار،
فيشغل أَهْلَه!

أحاول أن أضع الغربة بين قوسين. وأن أضع نقطةً أخيرةً في سطرٍ طويلٍ من حزنِ التاريخ، التاريخ الشخصيّ والعام.

ولكني لا أرى إلا الفواصل.

أريدُ رتقَ الأزمنةِ معاً. أريد وَصْلَ لحظةٍ بلحظة.

وصلَ الطفولة بالكهولة.

وصل الحاضرين بالغائبين والحضور كلّه بالغياب كلّه. وَصْلَ المنفى بالوطن. ووصْلَ ما تخيّلته بالذي أراه الآن.

اننا لم نعش معا على أرضنا ولم نمت معا.

هناك، في محطة قطارات الشمال في باريس في الحادية عشر ليلاً كان منيف يترنّح قبل أن يسقط على حافة الرصيف في صقيع نوفمبر ليعود لأمّه ولنا في صندوق.

هذا الذي عاش بالأصدقاء وللأصدقاء وكان يحب أن يحيط حياته بالناس، يزورهم، يستقبلهم، يدعوهم، يسأل عن أحوالهم

بالهاتف، هل كان يهيئ نفسه لمثل هذا اليوم الأخير، مات موتاً وحيداً مستوحشا غامضاً في «محطة الشمال». لم يكن معه أحدٌ على الإطلاق! لا أحد.

8 نوفمبر 1993 كنا ثلاثتنا رضوى وتميم وأنا على مائدة الغداء في بيتنا في القاهرة. رن الهاتف. قمت للرد. صوت أخي الأصغر علاء يتحدث من الدوحة. قال وهو يبكي كلمات قليلة جدا لا أذكرها.

سَرَت البرودة في أكتافي.

قلت كلاما لا أتذكره.

كل ما أتذكره بوضوح أن رضوى قفزت من مقعدها تسأل وهي مخطوفة الوجه عما حدث. قلت لها كأنني أكتب كلماتي على ورقة وأضع تحتها خطاً لتأكيدها:

ـ منيف مات. مات.

كان أحد أصدقائه قد اتصل من جنيف وقال انه تعرّض لحادث في محطة «الجار دي نور» في باريس. اتصلت ببيته وبجنيف أحاول فهم أي شئ فقيل لي انه ما زال على قيد الحياة وهناك محاولة لإنقاذه. ثم قالوا لي إنه مات. عشت في هذا التضارب قبل أن أتصل بالوالدة في عمّان. أدركت أنهم أبلغوها بأنه مصاب فقط بعد حادث تعرّض له.

قلت لرضوى إن أمي لن تعيش بعده.

اتصلت بمجيد وعلاء في الدوحة. طلبت منهم أن لا يؤكدوا للوالدة نبأ الوفاة.

أردت أن أكون بجانبها عندما تتيقن من الكارثة.

قلت لرضوى إن مهمتي الآن هي أن أحمي أمي من الموت المفاجئ. قلت لها لو نجحنا في في جعلها تعيش بعده يومين فإنها ستعيش.

المهم أن نتجاوز لحظة تلقّيها الخبر.

كنت أتعامل مع المأساة تعاملاً غريباً.

كأني رُميت في زلزال وخرجتُ منه أبحث عن مصير أمّي فيه.

كأنني تمكّنتُ من تنحية الخبر نفسه بعيداً عني بما يتيح لي القدرة على السيطرة على زمام الأمور.

لا بد لأحدٍ ما أن يسيطر على زمام الأمور.

كنت كمن هوجم فجأة. فحوّل نفسه، فجأة، الى غرفة عمليّات يدير منها الرد المناسب على الهجوم.

فكرت بنفس الهلع في الجميع، في أولاد منيف، غسان وغادة وغدير، وزوجته واخوتي وكان لابد من التركيزَ على الدور الممكن القيام به واقعياً.

طلبت أولاً من مجيد وعلاء في الدوحة أن يحصلا على تأشيرة إلى فرنسا والسفر فوراً ليكونا بجانب أسرته . كان مستحيلاً ان أحصل أنا على تأشيرة من مصر. سافرا إلى باريس بالفعل. سافرتُ في اليوم التالي مع رضوى وتميم إلى عمّان. استقبلَنا حسام في المطار. حكى لنا التفاصيل:

منيف سافر بالقطار من بيته في «فيجي فونسونو» إلى باريس. قضى فيها بعض الأشغال ثم توجّه إلى محطة قطارات الشمال ليلحق بقطار الرابعة والنصف بعد الظهر ليحمله إلى اجتماع في مدينة «ليل». وصل متأخراً عن موعد قطاره. انتظر في المحطة ليستقل القطار التالي بعد نصف ساعة. قطار الخامسة.

في الحادية عشرة قبل منتصف الليل، يعثر عليه البوليس الفرنسي ملقى على رصيف المحطة ينزف دماً (؟!)

ما الذي منعه من أن يأخذ قطار الخامسة؟

ما الذي أبقاه في المحطة سبع ساعات دون أن يغادرها؟

هل اختطف؟

هل هاجمه لصوص او نازيون جدد من حليقي الرؤوس؟

هل هو اغتيال سياسي؟

هل تعرّض لغيبوبة مفاجئة وهو المصاب بمرض في الكبد يعالجه منذ سنوات فطمع به بعض المارة بهدف السرقة؟

جاءت سيارة إسعاف فوجدت فيه رمقا خافتاً.

حاولوا إنقاذه دون جدوى. مات بعد دقائق.

قال صاحب مقهى في المحطة إنه شوهد وهو يدخل المقهى مترنحاً نازفاً. ظنه الجرسون مخموراً. منعه من الدخول. دفعه الى الخارج.

عاد يحاول الدخول مرة أخرى.

يبدو أنه أراد الإستغاثة. ربما أراد أيضاً الوصول الى التليفون. مشى خطوتين أو ثلاث. سقط على مائدة يجلس عليها شابان برتغاليان. قام الشابان ودفعاه بقوة الى الخارج. سقط للمرّة الأخيرة بعد أربع خطوات من باب المقهى.

حسام يشرح كل هذه التفاصيل باكيا وبشكل متقطع، بطيء، متعدد النبرات.

قال إنهم لم يخبروا أمي بشيء.

قالوا لها إنه تعرض لحادث بالسيارة ولكنه بخير حتى الآن.

قال إن الدكتور جهاد والدكتور محمد بركات يلاحظانها باستمرار.

قال إن بيتنا مليء بكل نساء العائلة المقيمين في عمان وإنه منعهن من استخدام عبارات التعزية:

- كلهن يعرفن. الوالدة وحدها لا تعرف. قلبها حاسس بالكارثة أكيد. لكنها متعلقة بخبر منك يعطيها أي أمل. لم نخبرها بناءً على طلبك.

دخلنا من باب بيتنا الذي كان مفتوحا على مصراعيه.

نظرت الى الصالون. وجدت المشهد الذي وصفه حسام. بعض السيدات يرتدين ثياباً سوداء. أمي جالسة في شبه غيبوبة ترتدي ثوبا أقرب إلى الأزرق الفاتح. بمجرد دخولنا رضوى وتميم وأنا انفجر جميع من في البيت بالنحيب. لا أدري كيف تجنبت الإنهيار في تلك الدقائق. ولأنني نجحت في تجنبه في تلك اللحظة تحديداً فانني لم أعد معرَّضاً للإنهيار بعدها. خوفي على أمي وانشغالي بحماية حياتها صانني أنا أيضاً.

أمي لم ترزق ببنت أبداً. وليس لها أخت. كان وجود رضوى في عمان مهماً. أمي عاملت رضوى معاملة الإبنة منذ رأتْها للمرّة الأولى بعد زواجنا. كنت أعرف أن وجود رضوى الى جوارها في هذه اللحظات تحديداً سيعني لها الكثير.

اقتربتُ منها معانقاً وأنا مرتابٌ في قدرتي على التماسك حتى النهاية.

ـ قل لي يمّة شو اللي صار لأخوك؟ لابسات اسود وبيقولن انه فيه نَفَسْ. انه عايش في المستشفى ويمكن يطيب. شو بتقول لي يمّة. لا تكذب عليّ يا حبيبي.

كنت أريد أن أصرخ عمري كلّه حتى أموت هنا، عند هذه اللحظة.

لم أعرف كيف أجيبها.

وجدتني أقول لها وأنا أضع رأسها على صدري ويدايَ تطوّقانها بشدّة:

ـ بدنا اياك تظلي عايشة. اوعديني تظلي عايشة. البسي أسود يمّة.

* * *

وهناك في ضاحية سَري قرب لندن يرقد تحت التراب البعيد، وَلَدٌ من قرية الشجرة ومن مخيّم عين الحلوة معاً هو ناجي العلي.

قال لي شقيق وداد وهو يجلس بجواري في السيارة التي حملتنا من ويمبلدون الى طرق طويلة متعرّجة عبر الغابات الإنجليزية ونحن نتابع الخريطة حتى نعثر على منطقة المقبرة:

ـ ما الذي أتى بنا الى هنا يا مريد!

قلت له مصححاً:

ـ قل ما الذي أتي (به) الى هنا!

وعندما وصلنا لم يكن أي واحد منا يعرف الهمّ الذي هو حامله، همّ الصغار من أولاده أم هَمّ وداد أم همّنا الذي لا صاحب له، همّ تاريخنا كلّه وحكايتنا كلها!

* * *

وهناك في جوف تلك البئر المهجورة في غابة على جبل «فيشجراد» على الحدود بين المجر وتشيكوسلوفاكيا يرقد «لؤي»، الشاب الوسيم، المرح، الذي رمته الغربة الى المجر فتدبّر أمره. استطاع أن يعمل مديراً لمخيم سياحي وبار ملحق به، هناك في أعلى نقطة في الجبل المكسو من أدنى نقطة في سفوحه الى قمته الشاهقة بالأشجار.

تزوّج من فتاة مجرية لطيفة الشكل والمعشر.

رزق منها بطفلين جميلين.

كنا نذهب تحت الثلوج الى مخيّمه الذي يبعد أربعين كيلو متراً عن بودابست. فيعلّق على باب البار يافطة «مغلق» ونصنع معا شوربة السمك في قِدْرٍ على نار الحطب المجلوب من الغابة. نلعب الورق أو ندعو عدداً من أصدقائنا وصديقاتنا الى عشاء عربيّ عنده. نلعب بِكُرات الثلج، نجمع الفِطر من السفح الهائل

الإنحدار، ونعود لنعدّ منه أشهى الوجبات على أنغام الموسيقى وأغاني فيروز، تساعدنا في ذلك زوجته اللطيفة التي تعلّمت بعض الكلمات العربية.

وعندما فكّر باللحاق بشقيق له يعمل في الولايات المتحدة الأمريكية ذات يوم، اختفى لؤي ولم يعثر له على أي أثر.

غافلته زوجته اللطيفة، الودودة، أثناء مشاهدته التلفزيون في وقتٍ متأخرٍ من الليل، وأطلقت عليه الرصاص.

سحبت جثّته الى ظلام الغابة بمساعدة شقيّ رومانيّ ودفنته في تلك البئر المهجورة. غطت جثته بكميّات من الاسمنت (!) الى ان اكتشفها البوليس وأودعها السجن.

كان أصحابنا الذين يرون حياة لؤي يرون فيه الفلسطيني المرتاح، السعيد، الحريص على أناقة علاقاته وأناقة طعامه وأناقة ملابسه، الفلسطيني الذي استطاع أن «يدبّر حاله» ويكوّن أُسرة ويوفّر بعض المال بعرقه وجهده اليوميّ.

لن يستطيع لؤي في بئره الشديد السواد الآن أن ينظر إلى اطمئنانهم ليخبرهم أن السعادة تكذب. أن الأمان يكذب. أن الوسامة تكذب. أن الحُبّ يكذب. وأن الهواء المحيط بالفلسطينيّ هواءٌ مُهَدَّد!

الغربة حملت له بالضبط ما هرب منه عندما جاء من جنوب لبنان: الموت!

وهناك على سلالم طائرة الميدل إيست في مطار بيروت، سقط أبو العبد درويش، والد زوجة منيف، ميتاً، وهو في طريقه لزيارة بناته في قَطَر فاحتفظوا بجثته أسبوعاً كاملاً في الثلاجة حتى تم الإتصال بأهله.

ورنين الهاتف لا يتوقف في ليالي البلاد البعيدة.

يلتقط أحدهم السماعة متوجساً يغالب النعاس، يسمع صوتا متلعثما ومكسوراً على الطرف الآخر يخبره بموت أحد الأحباب أوالأهل أوالأصدقاء أوالرفاق في البلد أو في البلاد. روما وفي أثينا وفي تونس وفي قبرص وفي لندن وفي باريس وفي أمريكا وفي كل بقعة أوصلنا اليها زماننا. حتى أصبح الموت « كالخسّ في السوق كدَّسّه البائعون». نعم، في تفاهة الخس وبلا مهابةٍ وبلا نهاية.

قلت لناجي وأنا أرى أولاده وبناته يستحمّون في بركة الفندق،

ـ «ليتهم ينتظرون عليك حتى يكبر الأولاد قليلاً ويصبح بوسعك تركهم وحدهم في هذا العالم».

كانت رائحةُ قَتْلِهِ تَتَصاعدُ يوماً بعد يوم، وحَمْلةُ الكراهية ضده تغري أي كاتم صوتٍ بالاستفادة من أجوائها المرعبة وكنت خائفاً عليه.

زارني في بودابست مع أسرته لعلاج ابنته الصغيرة «جودي» علاجاً طبيعياً من إصابةٍ في ساقها تعرضتْ لها أثناء الغارات الإسرائيلية على صيدا. قضينا شهراً معاً ولم أره بعدها إلا عندما ذهبتُ إلى لندن بعد شهور، لزيارةِ. . . قبره!

كان يرتدي الشورت ويجلس بجواري على حافة البركة وعظام قفصه الصدري بارزة لفرط نحوله وفي يده سيجارته:

ـ تعرف يا مريد، فكّرت بهذي المسألة، لكني حلّيتها بسرعة مرة والى الأبد، سألت نفسي شو ترك لي أبوي لما مات؟ لا شئ. ورغم ذلك قدرت أعيش وأدبر حالي. بيدبرو حالهم. طز!

عرفت ناجي للمرة الأولى عام 1970 في الكويت.

كان يعمل في جريدة السياسة وكنت أقضي بعض المساءات في مكتبه الصغير. كنت أعمل مدرّسا في الكلية الصناعية وأعد أول مجموعة من قصائدي للنشر. عرفته عن قرب ورأيت كيف يمكن ان يلمس المرء الموهبة بالأصابع. عرفت أيضاً كيف تكون

الشجاعة واضحة كالتابوت!

نجلس معظم الليل نتحدث في كل الشؤون ثم أتركه ليرسم كاريكاتير اليوم التالي وأقول لنفسي ما الذي سيرسمه يا ترى غدا؟

أشتري الجريدة صباحاً فأندهش من أن ذلك الشاب المحتار، البسيط، الضاحك، الحزين، قد لخّص الدنيا في مربّعه اليومي كما لا يستطيع أفصح المحللين السياسيين أن يفعل. واستمرت الصداقة من سنةٍ لأخرى ومن بلدٍ لآخر.

في العام 1980 ألقيتُ ضمن مهرجانٍ شعريٍّ في جامعة بيروت العربية قصيدة عنوانها «حنظلة طفل ناجي العلى» ونشرتها جريدة السفير على صفحة كاملة بعد ذلك مزيّنة برسوم بريشة ناجي.

هنا كلُّ شيء مُعَدٌّ كما تَشتهي
فلكلّ مقامٍ مَقالْ:
مُكَبِّرَةُ الصوتِ في ليلةِ المهرجانِ
وكاتِمَةُ الصوتِ في ليلةِ الإغتيالْ!

وبعد سبع سنوات من هذه الليلة جاءت ليلة الإغتيال فعلاً.

كنت مع رضوى وتميم في فندق على بحيرة البالاطون في المجر نقضي أجازتنا الصيفية. استيقظنا مبكراً وفتحت الراديو على اذاعة لندن باللغة الإنجليزية فإذا بي ألتقط شبه جملة تتحدث عن «رسّام فلسطيني مرموق».

قبل أن نكمل الإستماع الى الخبر أدركنا أن ناجي راح. استيقظ تميم ونحن نحاول تنقية المحطة حتى نسمع المزيد من التفاصيل عن الخبر. سأل:

ـ ماما، بابا، مالكم؟

ـ قتلوا عمّو ناجي.

* * *

أُطلقَ الرصاص على ناجي يوم 22/ 7 / 1987 وهو بالصدفة ذكرى زواجنا أيضاً. وكأنّ أيامنا الخاصة تفقد مغزاها واحداً بعد الآخر وكأن الأحداثَ تمدّ أصابعَها الغليظة، لتُمَزِّقَ الرزنامةَ الخصوصية لكل منّا وترمي أوراقها الصغيرة في الهواء.

قبل ذلك بسنوات كثيرة، في ظهيرة السبت 8 / 7 / 1972 وهو عيد ميلادي، كنت أجلس في مبنى إذاعة القاهرة في ماسبيرو بعد تسجيل لقاءٍ أدبيّ معي، عندما رأيت شفيع شلبي ينزل عن الدرج مسرعاً ليبلغني باغتيال غسان كنفاني في بيروت.

ذهبت مع سليمان فياض الى يوسف إدريس في «الأهرام».

قلنا له اننا نريد ان نعدّ لجنازة رمزيّة لغسان كنفاني في القاهرة تتزامن مع ساعة تشييع جنازته في بيروت.

اجتمعنا بعد الظهر في مقهى ريش. يوسف إدريس ونجيب سرور والدكتور عبد المحسن طه بدر ويحي الطاهر عبدالله وسليمان فياض وسعيد الكفراوي وابراهيم منصور وغالي شكري ورضوى وكُتّابٌ آخرون لا أتذكرهم بشكل شامل ودقيق، فقد مر على اغتيال غسّان ربع قرن كامل الآن!

وصل عددنا جميعاً في ذلك اليوم الى ما يقارب الخمسين. خطط يحي الطاهر عبدالله اليافطات بخطه المتقن البديع. مشينا صامتين على هيأة جنازة، من ريش في شارع سليمان باشا إلى نقابةِ الصحفيين في شارع عبد الخالق ثروت وهناك. . . كان رجال الأمن بانتظارنا. أخذوا يوسف ادريس إلى الداخل وبقينا جميعاً في حديقة النقابة ننتظر خروجه. وجّه الضابط ليوسف إدريس سؤالاً محدّداً:

ـ هل كان معكم فلسطينيون في المسيرة؟

قال له يوسف:

ـ انا حاقول لك أسامي الخمسين شخص كلّهم. اكتب عندك:

يوسف إدريس، يوسف إدريس، يوسف إدريس، يوسف إدريس، يوسف إدريس، يوسف،

وهنا أوقفه الضابط عن الكلام. أنهى اللقاء ومضى في سبيله. عاد يوسف لينضمّ لنا في الحديقة. روي لنا ما حصل. وتفرّقنا بعد ذلك.

ورغم المناسبة الحزينة لم نستطع إلا الضحك على واحدة من اليافطات التي أصرّ يحي الطاهر عبد الله على كتابتها وهي:

(إنهم يقتلون الجياد. أليس كذلك؟)

عندما عدت الى البيت وأخبرت الدكتورة لطيفة بما فعلناه وحدثتها عن تلك اليافطة أطلقت ضحكتها العريضة وقالت:

ـ خيبة تخيّبكم. تلاقي الناس في الشارع ضحكو عليكم لما قالوا يا بَس. مش تكتبو حاجة تفهمها الناس؟

وعندما حدثتها عن موقف يوسف إدريس قالت:

ـ هو يوسف كده. يتّخذ موقف بطولي ثم يظل متلخبط ومتوتّر وخايف لغاية ما يعمل عكسه. لكن كويّس انها جت كده.

أيّ عيدِ زواجٍ بعد اليوم يا ناجي؟ وأي عيدِ ميلادٍ بعد اليوم يا غسان؟ ما الذي نَذكر وما الذي ننسى!

والمسألة لا تخصّ فَرداً مثلي من دون الآخرين. فواجعَنا ومَواجعَنا تتكرر وتتكاثر يوميا، حتى أصبح كل يومٍ يمزّق يوماً غيره. تهبط المناسبةُ على نقيضها، فتهدم فينا كلَّ المناسَبات.

أصيبتْ رزنامتُنا بالعَطَب وبتراكم الأوجاع طبقةً فوقَ طبقة، حتى أصبح الزمانُ الفلسطينيُ نفسُهُ أضغاثا من النقائض، والفكاهات التي لها طعمُ العلقم، ورائحةُ الإنقراض. هناك أرقام معينة انسلختْ عن معناها المحايد والموضوعي وأصبحتْ تعني شيئاً واحداً لا يتغير في الوجدان.

منذ الهزيمة في حزيران 1967 لم يعد ممكناً لي أن أرى رقم الـ 67 هذا إلا مرتبطاً بالهزيمة.

أراه في جزءٍ من أرقام هاتف أحد الأقرباء أو الأصدقاء، على باب غرفة في فندق، على اللوحة المعدنية لسيارةٍ مارة في الشارع في أي بلد من بلدان العالم، على تذكرة سينما أو مسرح، على صفحة في كتابٍ أو مجلّة، على عنوان مكتبٍ أو مؤسسةٍ او منزل في أية مدينة، على مقدمة قطار، أو رقم رحلةٍ جويةٍ على اللوحة الالكترونيّة في أي مطارٍ من مطارات الدنيا.

إنه لم يعد يعني، بالنسبة لي، ما يعنيه في سياقه الجديد والمتغير، كأنّ الرقم 67 شاخ منذ ولد في ذلك الإثنين الخامس من حزيران، الاثنين الغابر، المقيم، الذاهب، العائد، الميت، الحيّ.

رقمٌ تجمّد عند شكله الصحراوي الأول. شكله الرهيب.

كأنه ليس رقماً بل تمثال من الشمع لرقم. تمثال من الجرانيت. من الرصاص. من الطباشير التي لا تُمحى عن اللوْح الأسود، في قاعة سوداء.

لا أتطيّر منه ولا أتشاءم حين أراه في صوره المتنوعة. لكنني ألاحظه بشكل خاص. أسجّل ذلك لنفسي فقط.

أنقله من اللاوعي الى الوعي للحظة عابرة، ثم يغطس ثانية كالدّلافين التي تقفز ثم تغطس في المحيط.

لا أذهب الى أية خُلاصات ولا الى أية استنتاجات. لا أرتعش. لا أحزن. لا أشعر بأي توتّر. إنني فقط أتعرّف عليه بحواسّي الخمس. كأنه وجهُ أعرِفُهُ، يعنيني ولا يعنيني، لكنه دائماً هناك. موجود. كما نعرف أن الدلافين في مكانٍ ما هناك، في أعماق المحيط، حتى لو لم نرها.

هل هزيمة حزيران عقدةٌ نفسيّة عندي؟ عند جيلي؟ عند العرب المعاصرين؟

لقد وَقَعَتْ بعدها أحداثٌ وخيباتٌ لا تقلّ خطورة، ونشبتْ حروبٌ، ونُفِّذَت مجازر، وتغيّرت اللهجاتُ السياسيةُ والفكرية، غير أن الـ 67 تختلف عن كل ذلك.

نحن ما زلنا ندفع فواتيرها الى يومنا هذا. ولم يقع في تاريخنا المعاصر حدثٌ لا علاقة له بالـ 67.

كنت عائداً الى منزلي في حي المهندسين بالقاهرة عندما قابلت بالصدفة واحداً من أعزّ أصدقائي في تلك الفترة هو يحي الطاهر عبدالله، وكانت حرب أكتوبر 1973 في يومها الرابع أو الخامس وكان يسير بجواري في نشوةٍ ملحوظة. لكنه يراني واجماً، مضطرباً ولا أشاركه نشوته تلك.

وقف في الشارع بشكل مفاجئ وقال لي:

ـ مالَك عامل كده زيّ الغُراب وشكلك مش مبسوط؟

ـ نعم أنا غراب لأني شايف ما يستحق أن أنعق عليه. هذه الحرب يا يحي لن تنتهي على خير.

يوم الثلاثاء 16 أكتوبر، أي بعد عشرة أيام من بداية الحرب فقط، جلستُ الى جهاز التلفزيون في بيت الدكتورة لطيفة الزيات نستمع سويّاً الى خِطاب الرئيس السادات في مجلس الأمة المصري، فإذا به يقدّم وهو يرتدي بزَّتَهُ العسكرية المؤثثة بالأوسمة التي تصل الى حِزامه، ما أسماه «مشروعي للسلام مع إسرائيل»!

في اليوم التالي تصاعَدَ الحديثُ عن الثغرة في الدفرسوار بشكلٍ مُلْفِتْ.

بعد أيام، ظهر هنري كيسنجر في المنطقة؛ واتّخذَت الأحداثُ مسارها المعروف، الذي أدّى الى زيارة رئيس جمهورية مصر العربية إلى إسرائيل، ثم إلى اتفاقية كامب ديفيد.

وارتفع العلم الإسرائيلي، على بُعد مائة متر من تمثال نهضة مصر، الذي خلّد فيه النحّات العظيم «مختار» ثورة 1919 ولا تزال

تجري تحت رفيفهِ اليوميّ عند كوبري الجامعة، مياهُ نهر النيل غامضةً ثم واضحةً، واضحة ثم غامضة، لا يدري أحدٌ ما الذي يجولُ في وقارِها الأزرق، من أفكار.

ارتفع العلم الاسرائيلي على بعد ثلاثمائة متر فقط من قُبَّةِ جامعة القاهرة، قبة المعتصمين ذاتها. القبة التي ذات يوم بعيد، وأنا مجرد طالب في الجامعة، شاهدت بعينيّ مواكب السيارات تتجه إليها ليترجّل منها جواهر لال نهرو و جوزيب بروس تيتو وشواين لاي وكوامي نكروما وجمال عبد الناصر، يصعدون درجها الرخامي ويجلسون على كراسيها وأمامهم أوراق وملفّات لم أرها، ولكنّ كلماتٍ لا تُنسى تسربتْ منها الى وعي تلميذ قادم من جبال دير غسانة. كلمات حول الاستقلال والتنمية والحرية.

«كلمات كلمات كلمات» يا أمير الدنمارك!

كنت لا أطيق السادات، صوتا وصورةً وسياسةً. وفي قاعة جمال عبد الناصر، تحت قبّة جامعة القاهرة، في شتاء سنة 1972 ، كنت ورضوى مع المعتصمين. نشاركهم اعتصامَهم جزءاً من النهار، أو النهار بطوله، ولو امتد بنا النقاش نقضي ليلتنا نائمين على الكراسي فى القاعة حتى مطلع النهار التالى. ولم أكن أدرك خطورةَ فِعلتي تلك. فالحكومة تُعامِل كلَّ من ليس مصرياً في نشاط من هذا النوع «كعنصر مُنْدَسّ». وكانت هذه الكلمة تثير اشمئزازي كلما سمعتُها الى يومنا هذا.

صباح الاثنين 24 يناير، فوجئت برضوى تعود إلى البيت بعد خروجها بأقل من ساعة. كانت قد سبقتني الى الإعتصام ومعها سندويتشات قامت بإعدادها ليلاً لتحملها الى الطلبة. وكان آخرون يفعلون الشئ نفسه باستمرار. قالت إن الجامعة مطوّقةٌ بجنود الأمن، يمنعون دخول أي شخص الى الحرم الجامعي. بعدها

عرفنا أن الشرطة اعتقَلَتْ كلَّ المعتصمين، وساقَتْهُم في العَرَبات الى السجن.

كان الطلاب والطالبات ينظرون من نوافذ الناقلات بأعينهم، التي أعياها السهر اليوميّ المتواصل، وإرهاق النوم على كراسي القاعة، إلى شوارع القاهرة النائمة في ذلك الفجر الخاسر والحزين، ينثرون من النوافذ قصاصاتٍ من الورق، كتبوا عليها ثلاث كلمات: «إصحي يا مصر»!

منذ الـ 67 والنقلة الأخيرة في الشطرنج العربي نقلة خاسرة! نقلة الى وراء. نقلة سلبية تنتكس بالمقدّمات مهما كانت تلك المقدمات إيجابيّة.

بعد معركة الكرامة التي خاضها الفلسطينيون والأردنيون معاً ضد العدو ذهبنا الى أيلول ضد أنفسنا.

بعد حرب الـ 73 وعبور القناة ذهبنا الى كامب ديفيد.

بعد مناهضتنا لكامب ديفيد عرّبناها وعمّمناها وقبلنا ما هو أقل منها فائدة وأكثر منها فضيحة.

بعد الإجتياح الاسرائيلي للبنان خرجت منظمة التحرير من الصمود البطولي الى الإقتتال والإعتدال والتكيّف مع شروط أعدائها.

بعد الإنتفاضة الشعبية على أرض فلسطين ذهبنا الى أوسلو.

دائما نتكيف مع شروط الأعداء. منذ الـ67 ونحن نتأقلم ونتكيّف!

وها هو بنيامين نتانياهو، رئيس وزراء إسرائيل، يهدّئ من مخاوف أمريكا على التسوية الراهنة بقوله إن العرب في النهاية سيتأقلمون مع تشدده، لأنهم تعوّدوا على التأقلم مع ما يُفرض عليهم!

هل أنا معقّد من الـ67 ؟ نعم أنا معقّد. الكمال لله! هزيمة حزيران لم تنته.

في ثاني أيام الحرب، ومع ارتفاع وتيرة الأناشيد الوطنية والبيانات المظفرة من الإذاعة، تدفق طلاّب الجامعة على مراكز التطوّع للذهاب الى الجبهة. وقفتُ في طابور المتطوّعين وسجّلت اسمي.

أعطوني بطاقة صغيرة خضراء وعليها اسمي وتحته عبارة واحدة تقول:

«يُستدعى للخدمة يوم 12 يونية 1967»

ويوم 9 يونية جلست الى التلفزيون في شقتي بالزمالك أشاهد خطاب جمال عبد الناصر والأمة كلها معلقة بشفتيه في تلك الليلة لعلنا نفهم شيئاً مما دار ويدور على جبهة القتال منذ بداية الحرب.

جلست بجواري صاحبة الشقة التي كنت أسمّيها مدام سيزوستريس (وهو اسم استعرته من قصيدة إليوت «الأرض الخراب») وكانت امرأة شقراء صفراء ملوّنة وبدينة بشكل متطرّف. فإذا بنا نسمعه يقول:

ـ اننا تعرضنا لنكسة.

ثم يضيف انه سيتنحى تماماً ونَهائيّاً (قالها بفتح النون وما تزال ترن في أذني هكذا: نَهائيّاً) عن كل مناصبه الرسمية الخ.

قفزتُ فوراً من الصالة إلى الباب إلى الشارع.

وجدت نفسي واحدا من ملايين البشر الذين قفزوا في نفس اللحظة الى عتمة الشوارع وعتمة المستقبل.

متى خرجت هذه الملايين؟ أنا خرجت بعد انتهاء الخطاب مباشرة وربما قبل انتهائه، لقد خرج الجميع في نفس اللحظة إذاً. في لحظة تكوّن المعرفة بما حدث لهم.

لم تكن هناك فجوة من الدقائق ولا حتى من الثواني بين الفعل

ورد الفعل. بين الأذن والخطوة. رأيت مجتمعاً كاملاً ينتشر في الشوارع في لمح البصر.

قضينا الليل بطوله في الشوارع وعلى الجسور فوق نهر النيل كأننا نطوف بلا هدف محدد أو كأننا نطوف جميعاً لنفس الهدف.

عشنا في الشوارع حتى مساء اليوم التالي.

وعندما مرت الأيام والسنوات عرفنا أننا كنا نشارك فيما سماه المؤرخون بعد ذلك «مظاهرات 9 و10 يونيو» التي أعادت عبد الناصر الى الحكم.

المهم أن أحدا لم يطلبنا بعد ذلك للخدمة التطوعية الموعودة.

انتهت حرب الأيام الستة بخطاب عبد الناصر.

ظل مستقبل الناس غامضاً. وكلما بشرونا باتضاحه ازداد غموضاً.

ازداد غموضاً بوفاة عبد الناصر، ثم ازداد غموضاً بتولّي أنور السادات، ثم ازداد غموضاً بحرب رمضان، وباتفاقية كامب ديفيد التي أعلنت «بوضوح» أن حرب رمضان هي آخر الحروب!

وازداد غموضاً عند الإجتياح الإسرائيلي للبنان ثم بعد الإجتياح ثم بعد حرب المخيمات ثم بعد أوسلو وهو ما يزال غامضاً الآن! حتى هذه اللحظة!

ومنذ الخامس من حزيران 1967 تُرِكنا لنتدبر أمورنا الحياتية في ظل الهزيمة الممتدة. الهزيمة التي لم تنته بعد.

إنها العلامة المحدِّدة لما تلاها ويتلوها الى الآن.

نعم. ان الـ 67 هي الإنطباع المستمر في البال منذ أن عشتها في مقتبل العمر. أعلم أنني لا أصلح للعمل السياسي المحترف، ربما لهذا السبب، إنني أستقبل العالم بالمشاعر وبالحدس؛ وهذا لا يتماشى مع تدابير الضرورة السياسيّة.

أنا لا أستطيع، إذا سرتُ في مظاهرة، أن أهتف.

قد أشارك فيها إعلاناً لموقفي، لكنني لا أرفع صوتي لأصيح بأيّ شعار أو مَطلب، مهما كنتُ مقتنعاً بمضمونه.

بل إن الصور التي تترسّب في ذهني من المظاهرات، هي تلك الصور الفكاهية للمحمولين على الأكتاف، هاتفين بشعاراتهم ذات الإيقاع المنتظم.

وكما يحدث في أفلام إيزنشتين يتحوّل هؤلاء الهتّافون المُخلصون، إلى مجرد أفواهٍ ضخمة الإتساع، مفتوحة على آخرها، وإلى أسنانٍ بيضاءَ، غير منتظمة في الغالب، تملأ المشهدَ الواردَ على الذاكرة كلّه.

أما حركة الأذرع، وقبضات الأيدي المضمومة، التي تضرب هواء المظاهرة، فتثير فيّ ضحكاً أستحي أن يلاحظه مَن هم حولي، لئلا يظنّوا انني أتهكّم عليهم، أو أسخر منهم، ومن جدّية تلك الحركات ومعناها.

نعم. أضحك حتى داخل المظاهرة ولا أستطيع كتمان أسبابي. أبوح بها لأقرب شخص يجاورني، ولي من الحظّ بعد ذلك ما لي، فإما أن يتفهّم موقفي الغريب أو أن يراه موقفاً غريباً، أستَحِقُّ عليه اللعنة.

عندما كان «أبو توفيق» يركب سيارة الجيب التابعة للإعلام الجماهيري، ويطوف بها شوارع الفاكهاني، مُرَدِّدا عبارتَهُ التي لا يغيّرها أبدا:

«يا شهيدَنا الجميل»

ويبدأ في تعداد مناقب الشهيد الذي خسرناه لتوّنا، كان المشهد مؤثراً في البداية. لكنّ تكرار سقوط الشهداء، تكرار الجنازات، وتكرار «أبو توفيق» لعبارته الأثيرة، «يا شهيدنا الجميل»، كان يجرّ تداعياتٍ تُسْبغُ على المأساة طابعَ الروتين والتعوّد وأحيانا يساعد

على اختلاط الذهول بنوع غريب من أنواع الفكاهة.

نعم أقصد ذلك النوع النادر من فكاهة الموت، فكاهة الجنازات! من المعروف أن النضال الطويل الذي يستهلك عشرات السنين وأعمار الناس يترك ظلالاً من الشجاعة والتحمّل ولكنه يترك أيضاً ظلالاً من العدميّة والسخرية من المصائر المتاحة التى لا رادّ لها. ويزيد من ذلك التراجع المتواصل بعد كل محاولة للتقدم الى الأمام. هنا تصبح السخرية جزءاً من سايكولوجيا الإستمرار في المسعى رغم تعثّره المتكرر.

تعوّدَ هو نفسه على الفَقْد كما تعوّدَ الشهداءُ على تكرار تضحيتِهم، وكما تعوّدنا، نحن المشيّعين، على تشييعهم بالصخَب نفسه إلى موطنهم المجازيّ: فلسطين، وموطنهم الواقعيّ: القبر.

كانت الملصقاتُ التي تُصَوِّرُ وجوهَهم وتحمل التحية لهم، تملأ جدران الفاكهاني. لكنّها، لتتابع الشهداء واحداً بعد الآخر، أخذت تهجم على بعضها البعض. أصبحتْ زاويةُ المُلصَق الأحدث، تحجب جانباً من ملامح الملصق القديم، وهكذا الى أن اتّخَذَت الملصقاتُ العديدةُ المتجاورةُ والمتراكمةُ فوقَ بعضها، شكلاً يبعثُ على الإرتعاش كلّما تأمّلته:

إنه شكل لملصقٍ واحدٍ واسع الأرجاء شكل لشهيدٍ واحدٍ متوزّع في وجوهٍ عديدة. وكأن كلَّ الموتِ موتٌ واحد كثيف.

كأن حياةَ الأحياء، بعد أن غاب عنها كلُّ هؤلاء، أصبحت أمراً يُعَلِّمُنا الخَجَل والإعتذار، وتفضيلَ الصمت على النشيد.

من هنا كانت الإذاعة الجماهيرية المتنقّلة التي يتفانى أبو توفيق في القيام بواجبه من خلالها عند كل جنازة جديدة، تقول ولا تقول. وكنا نسمعها ولا نسمعها. وكانت تثير تداخُلاً من النقائض في صمتنا.

كانت الجنازات جزءاً لا يتجزأ من حياة الفلسطينيين في كل

تجمّع بشريّ ضمّهم في الوطن أوفي المنافى، في أيام هدوئهم، وفي أيام انتفاضاتهم، وفي أيام حروبهم، وفي أيام سلامهم المشوب بالمذابح.

ولذلك عندما تحدّثَ اسحق رابين بكل بلاغة، عن مأساة الإسرائيليين بصفتهم الضحيّة المطلقة، وسط رغرغة عيون المستمعين والمشاهدين في حديقة البيت الأبيض، وفي العالم كله، أدركتُ أنني لن أنسى، إلى وقتٍ طويل، كلمته في ذلك اليوم:

ـ نحن ضحايا الحرب والعنف،

لم نعرف عاماً واحداً او شهراً واحداً لم تبكِ فيه أمهاتُنا أبناءهن.

وسَرَتْ في بَدَني تلك القشعريرة التي أعرفُها جيداً، والتي أُحِسُّ بها كلّما قصّرتُ في جهدٍ أو فشلتُ في مُهمّة: رابين سَلَبَنا كلَّ شيء، حتى روايتَنا لموتِنا!

هذا الزعيم يعرف كيف يطالب الدنيا بأن تحترم الدم الإسرائيلي. دم كل فرد إسرائيلي بدون استثناء.

يعرف كيف يطالب الدنيا بأن تحترم الدمع الإسرائيلي. واستطاع أن يصوّر إسرائيل كلها كضحية لجريمة نحن نقترفها.

يقلب الحقائق.

يغيّر الترتيب.

يصورنا وكأننا البادئون للعنف في الشرق الأوسط. ويقول ما يقول ببلاغة، وبشكل يمكن تصديقه وتبنّيه.

ما زلت أتذكر كل كلمة قالها اسحق رابين في ذلك اليوم:

- نحن الجنود العائدين من الحرب، ملطّخين بالدماء، رأينا إخواننا وأصدقاءنا يُقتلون أمامنا، وحضرنا جنازاتهم عاجزين عن النظر في عيون أمّهاتهم. اليوم نتذكر كل واحد منهم بحبٍّ أبديّ.

من السهل طمس الحقيقة بحيلة لغوية بسيطة: إبدأ حكايتك من «ثانياً»!

نعم. هذا ما فعله رابين بكل بساطة. لقد أهمل الحديث عما جرى «أوّلاً».

ويكفي أن تبدأ حكايتك من «ثانياً» حتى ينقلب العالَم.

إبدأ حكايتك من «ثانياً» تصبح سهامُ الهنود الحمر هي المجرمة الأصلية، وبنادقُ البيض هي الضحية الكاملة!

يكفي أن تبدأ حكايتك من «ثانياً» حتى يصبح غضب السود على الرجل الأبيض هو الفعل الوحشيّ!

يكفي أن تبدأ حكايتك من «ثانياً» حتى يصبح غاندي هو المسؤول عن مآسي البريطانيين! يكفي أن تبدأ حكايتك من ثانياً حتى يصبح الفيتنامي المحروق هو الذي أساء الى إنسانية النابالم!

وتصبح أغاني «فكتور هارا» هي العار وليس رصاص «بينوشيت» الذي حصد الآلاف في استاد سنتياغو!

يكفي أن تبدأ حكايتك من ثانياً حتى تصبح ستّي أم عطا هي المجرمة واريبل شارون هو ضحيتها!

قل لي يا عزيزي «أبو توفيق»، ما الذي بوسعِ سيارتك الجيب الصغيرة أن تفعلَه إزاء هذا اللامعقول؟

ها هم الإسرائيليون يحتلّون دورنا كضحية! ويقدّموننا بصفتنا قَتَلَة! إسرائيل تبهر العالم بكَرَمِها معنا:

قال رابين:

- إن توقيع إعلان المبادئ ليس سهلاً بالنسبة لي كمحارب في جيش إسرائيل، وفي حروبها، ولا لشعب إسرائيل، ولا لليهود في الدياسبورا.

مَنازِلُهم المبنيّةُ فوق منازلنا تعلن، بشهامةٍ نادرة، استعدادَها «لتفهُّم» هوايتنا الغريبة في سكنى المخيّمات المبعثرة في شتات الآلهة والذُّباب!

كأننا كنا نرجوهم أن يطردونا من منازلنا ونتوسل اليهم أن يرسلوا بولدوزراتهم لهدمها أمام أعيننا!

بنادقهم الكريمة في دير ياسين «تغفر» لنا أنها كوّمت أجسادنا في ساعةِ غروبٍ هناك ذات يوم!.

طائراتهم الحربية «تسامح» مقابر شهدائنا في بيروت.

جنودُهم يسامحون قابليّةَ عِظامِ مُراهقينا للكَسْرِ إذا ما دقَّها أحدُهم بحَجَرٍ ضخم!

إسرائيل الضحيّة، تُضفي على سكّينها الساخن الملوّن، وميضَ الصفح! وحتى يكتملَ الوجع، قالت ذلك وصَوَّرتْه، ببيان مبهر. وإن من البيان لسحرا.

* * *

في احتفال الدنيا، المصغية والمفتوحة العينين، لم يتذكّر أحدٌ «شهيدنا الجميل» يا عزيزي «أبو توفيق»!

حتى نحن، أهلَهُ الناطقين باسمِهِ، لم نتذكرْه!

* * *

9

يوم القيامة اليوميّ

المخدّة سِجِلُ حياتِنا. المسودة الأولية لروايتنا التي، كل مساء جديد، نكتبها بلا حِبر ونحكيها بلا صوت. ولا يسمع بها أحدٌ إلا نحن.

هي حقل الذاكرة، وقد تم نبشه وحرثه وتثنيته وعزقه وتخصيبه وريَه، في الظلام الذي يخصّنا.

ولكل امرئٍ ظلامُه.

لكل امرئ حقّه في الظلام.

هي الحربشات التي تأتي على البال بلا ترتيب ولا تركيب. المخدة هي محكمتنا القُطنيّة البيضاء، الناعمة الملمس، القاسية الأَحكام.

المخدة هي مساءُ المسعى.

سؤال الصواب الذي لم نهتدِ إليه في حينه، والغلط الذي ارتكبناه وحسبناه صواباً.

وعندما تستقبل رؤوسُنا التي تزدحم فيها الخلائط، مشاعرَ النشوة والرضى، أو الخسران والحياء من أنفسنا، تصبح المخدةُ ضميراً وأجراساً عسيرة.

إنها أجراس تقرع دائماً لنا، ولكن ليس من أجلنا ولا لصالحنا دائماً.

المخدة هي «يوم القيامة» اليوميّ.

يوم القيامة الشخصي لكل من لا يزال حيّاً. يوم القيامة المبكّر الذي لا ينتظر موعد دخولنا الأخير إلى راحتنا الأبدية.

خطايانا الصغيرة التي لا يحاسب عليها القانون والتي لا يعرفها الا الكتمان المعتنى به جيّداً، تنتشر في ظلام الليل على ضوء المخدات التي تعرف، المخدات التي لا تكتم الأسرار ولا يهمها الدفاع عن النائم.

جَمالُنا الخفيّ عن العيون التي أفسدها التعوّد والاستعجال، جدارتنا التي ينتهكها القُساة والظالمون كل يوم، لا نستردها إلا هنا ولولا اننا نستردها هنا كل ليلة لما استطعنا الاستمرار في اللعبة. في الحياة.

المخدة لا تدّعي شيئاً.

الميكروفون قد يكذب. الغزل الرقيق، المنابر، الأرقام، الرسائل، التقارير، الواعظ، القائد، الطبيب، الأم قد تكذب. المخدّة منسوجةٌ من نسيج الحقيقة، الحقيقة بصفتها سرّاً قد تواريه حسابات النهار.

كم ادّعى المهزوم نصراً وصَدَّقَه. لكنه يضع رأسه على مخدته الصغيرة فتأتي له بالخبر اليقين حتى وإن أنكره. «لمْ أنتصر». يقولها لنفسه دون أن ينطق بها. وإن لم يجرؤ هو على قولها تجرؤ هي: «لم تنتصر يا هذا». قد يعاود الظهور بمظهر المنتصر أمام الملأ. قد يؤيّده البعض. لكن هذا البعض أيضا سيرتعش تلك الرّعشة الباردة عندما يختلي بالنفس، في مساءِ مَواقِفِهِ المحسوبة، ومساءِ تأييدهِ الملفّق.

جَدارةُ العمر، إقرارُ الذات، الشعورُ بالزهو واعتناقُ روايةٍ من

الروايات دون غيرها، كلّ هذه التيقّنات الأكيدة نهاراً، وفي غبار الإزدحام الإنساني، وفي حمّى المنافسة والصراعات، تُحوّلُها مخداتنا الى مجرد فَرَضِيّاتْ.

المخدة هواجس تطالبنا بأن تُمتَحَن جيّداً وبلا رأفة.

* * *

مستلقياً على ظهري في السرير، أصابع يديّ تتشابك تحت رأسي على المخدة، لم أعرف ما الذي أبقى عينيّ مفتوحتين باتجاه السقف. والسقف لم يعد له وجود في هذه العتمة التامة. كأن النوم لا يخصّني. كأنه اختراعٌ قُصِد به سواي.

هذه ليلتي الأخيرة في رام الله.

ليلتي الأخيرة في هذه الغرفة الصغيرة وتحت نافذتها المطلّة على أسئلة لا حصر لها والمطلّة أيضاً على مستوطنة.

* * *

كأنني بتجاوز ذلك الجسر الخشبي الصغير تمكّنتُ من المُثول أمامَ أيّامي. وجعلت أيامي تَمْثُل أمامي. ألمس تفاصيلَ منها بلا سبب. وأهمل تفاصيلَ منها بلا سبب. ثَرْثَرْتُ لنفسي عُمْراً كاملا وزوّاري يحسبونني صامتاً.

عبرتُ الجسر المحرّم علينا، وفجأة، انحنيتُ أُلَمْلِمُ شتاتي، كما ألمّ جهتي معطفي إلى بعضهما في يوم من الصقيع والتلهّف. أو كما يلملم تلميذٌ أوراقَه التي بعثرها هواءُ الحقل وهو عائدٌ من بعيد.

على المخدة لملمتُ النهارات والليالي ذات الضحك، ذات الغضب، ذات الدموع، ذات العبث، وذات الشواهد الرخامية التي لا يكفي عمرٌ واحدٌ لزيارتها جميعاً، من أجل تقديم الصمت والإحترام.

* * *

أهيئ حقيبتي الصغيرة استعداداً للعودة الى الجسر، الى عمّان فالقاهرة، ثم الى المغرب حيث سأقرأ شعرا في أمسيةٍ بالرباط. أقضي في الرباط أقل من اسبوع. ثم الى القاهرة لأعود وبصحبتي رضوى وتميم لقضاء الصيف مع أمي وعلاء في عمّان.

في عمان سأنتظر تصريح تميم.

سأعود معه الى هنا. سيراها. سيراني فيها. وسنسأل كل الأسئلة بعد ذلك.

* * *

الليلة، وكل من في البيت نائم، والصباح وشيك، أسأل سؤالاً لم تجد لي الأيام جواباً عليه حتى هذا المساء.

ما الذي يسلب الروح ألوانها ؟
ما الذي، غيرَ قَصْفِ الغُزاةِ، أصابَ الجَسَدْ ؟

* * * * *

انتهى

المحتويات

مقتطفات نقديّة

● كتاب مريد «رأيت رام اللّه» يصدر عن روح فريدة حقاً. فريدة في النظرة السمحة التي ينظر بها إلى الناس والأحداث... الكتاب ليس مجرد كتاب. إنه ذوب قلب وعصارة حياة قضاها الشاعر المرموق متنقلاً بين المهاجر والمنافي والمنابذ.

د. علي الراعي

● عمل يحكي رحلة عذاب الفلسطيني ليحوّل هذه التجربة إلى عمل إنساني فذ. مريد البرغوثي يستدعي ذكرياته بحميمية، لكن دون رومانسية، ويستحضر الوطن بعاطفة مشبوبة، لكن دون مرارة.

د. فريال غزول

● أقام مريد البرغوثي بنية ضمّت باقتدار جمالي معجب عناصر السيرة الذاتية وعناصر القص.

د. عبد المنعم تليمة

● بديع. عظيم. رائد.

خيري شلبي

● يمكن أن أعتبره أهم كتاب صدر في الـ 49 سنة الأخيرة منذ سرقة فلسطين عام 1947.

صافي ناز كاظم

● الكاتب هنا قد امتلك اللغة العربية الجميلة والتي ورثها عن أجداده الشعراء وجعلها قادرة على أن تجسّد صدقه الإنساني المعذب والجميل. . . هذه الشعرية القصيّة والدرامية هي شعرية الصدق.

د. سيد البحراوي

● أبلغ إفصاحٍ باللغة الإنكليزية عما يعنيه أن يكون المرء فلسطينياً اليوم. . . ليس هناك كتاب آخر يُبيِّن بهذا الاقتدار خلفية الأحداث الراهنة في فلسطين/إسرائيل.

بيتر كلارك، ملحق التايمز الأدبي، لندن.

● ليس الموضوع مجرد العنف المادي للاحتلال، بل قدرة الاحتلال على تجريد الفلسطيني من أبسط صلة تربطه بنفسه وبمكانه. . .

مجلة الجديد ـ الولايات المتحدة الأمريكية

● «رأيت رام اللّه» رفض قائم على التحدي، من خلال تسجيل التجربة والمشاعر، لجهود «صناع السياسة» لنزع إنسانية المضطهَد.

ذي إيجبشيان ريبورتر ـ القاهرة

● أهمية كتاب «رأيت رام اللّه» تتجلى في حقيقة أنه بينما يتحدّث الكثيرون عن «مشكلة اللاجئين» يظل اللاجئون أنفسهم صامتين عموماً وغير مسموعين. البرغوثي يبدّد هذا الصمت بسرده القوي، الغنائي، الشعري المؤثر.

واشنطن ريبورت، واشنطن